靖国問題の精神分析

岸田 秀×三浦雅士

新書館

靖国問題の精神分析　目次

第1章 靖国参拝は是か非か

政治は己惚れの論理　10
靖国参拝は背信行為か　13
靖国肯定は岸田理論に反する？　15
慰霊は死者のためか生者のためか　18
国家の仕組みと自我の仕組み　20
靖国問題に見る甘えの構造　23
聖俗分離の居心地の悪さ　26
国家もひとつの宗教団体である　28
ファナティシズムの論理　32
自我のメカニズムと党派のメカニズム　34
中国、朝鮮、日本――三角関係の由来　38
中国のアイデンティティ・クライシス　41
被害者はひそかに加害者と自己を同一視する　45
自我の支えは簡単に取り替えられる　48
恥と誇り、罪と罰　51
一神教は悪く、自閉的共同体は害をなす　53
なぜ被害者に全面的な権利があるのか　56
参拝中止が卑屈か、参拝続行が卑屈か　59
暴支膺懲の論理を繰り返す　61
靖国は自閉的共同体の象徴？　64

第2章 日中問題の深層

靖国問題と岸田理論 68
マルクス主義から精神分析へ 70
精神分析は社会理論である 73
岸田理論の立脚点 76
集団心理の仕組みと個人心理の仕組みは違わない 79
自分は首尾一貫しているという幻想 83
日中関係の歴史が逆転した近代 86
日中関係にアメリカが割り込んできた 88
日米中の三角関係がいまや反転した 90
中国蔑視の精神分析的な起源 92
靖国神社こそ官僚病の起源 96
日本はアメリカ・コンプレクスを中国で発散している 99
軍部だけが悪かったというのは嘘だ 105
被害者は無限に正義なのか 108
靖国神社を正当化する根拠 111
軍隊を持つのは善か悪か 114
国家は軍隊でもち、自我は腕力でもつ? 117
国家と軍隊の起源をどう考えるか 122
慰霊碑はいまどういう意味をもつか 125
アイ・アム・ア・ラスト・コピー 129

第3章
中国、大東亜共栄圏の野望

中国が靖国参拝を非難する本当の理由 136
中国が大東亜共栄圏構想をもつ背景 139
中国大東亜共栄圏はアメリカのつくった幻影？ 143
戦後は終わっていない 146
東京裁判批判の論理 150
日本人は反省しているか 153
中国が膨脹政策をとることはありうるか 156
中国は日本の自尊心を傷つけたい？ 159
侵略された側が隠蔽したこと 163
国家の分裂、自我の分裂 167
いま太平洋戦争はどう理解されているか 171
原爆を謝罪しない論理がアメリカを追い込む 174
共産中国はいつまで持続するか 178
古今東西、歴史教科書は国家の己惚れ 180
歴史教科書は系図買いのようなもの？ 184
中国が靖国神社を検討しろというのはおかしいか 189
近代日本の変質の象徴としての靖国神社 194
東京裁判で得をしたのは日本である 197
自然の法と神の法 203
精神分析にとって法とは何か 207

第4章 靖国問題の国際関係論

残虐行為とは何か 209
近代戦争の意味 213
国際関係論としての岸田理論 218
ジャック・ラカンと岸田秀が交差する場 220
本能が壊れたという着想はどこから来たか 224
道路公団という自閉的共同体の病理 227
自閉的共同体は民間では成立しない 231
地球全体がいまや自閉的共同体になりつつある 233
自閉的共同体アメリカ崩壊の恐怖 237
アメリカがイスラム過激派をつくった 241
近代は一神教の病理のひとつの症例にすぎない 245
信長も秀吉もスペインの真似をした 250
一神教は自閉的共同体になりやすい 253
靖国神社をナショナル・アイデンティティにする論理 256
侮辱が侮辱を呼ぶ国際関係 261
靖国神社は日本国家維持のために必要か 265
素朴な論理こそが最大の加害者になる 270
屈辱が世界史を動かす 274
国際関係の精神分析へ 280

靖国問題の精神分析

第1章　靖国参拝は是か非か

政治は己惚れの論理

三浦　ここ数ヵ月、さまざまな問題が起こりました。ライブドアとフジテレビの問題、中国の反日デモ、JR西日本が引き起こしたたいへんな鉄道事故。そしてイラクの治安は相変わらず回復していない。そういう事件や事故が起こるつど、岸田さんだったらどう考えるかな、と思うんですね。というのも、すべて政治問題、社会問題として論じられるだけで、それ以上に深い次元では論じられないからです。人間とは何かという次元では論じられない。これらの事件や事故の背後には、愛国精神、愛社精神、あるいは強烈な宗教心といったものがある。国家も会社も宗教も、すべて幻想にすぎないのだけれど、その幻想がたいへんな問題を惹き起こしているわけです。それを同じ幻想の次元で解決しようとしている。それは解決にならない。岸田さんは、より根源的なレベルで見なくてはいけないと言いつづけているわけです。

岸田　そうですね、大きく言えば。

三浦　にもかかわらず、そういう根源的なレベルでは論じられずに、感情的なレベルで騒がれて過ぎていく。これはやはりよくないのではないか、と。

岸田　と思いますね。結局、人間の己惚れじゃないかな。誇大妄想というか。人間は理性的判断で動いているという前提がすでに誇大妄想。政治は、人間それぞれが、ときには感情に走ったり軽率だったりして間違ったことはあるにしても、基本的には合理的、現実的判断でやっているという前提に立っているから、国際政治についても国内政治についてもピントはずれの見方をすることになるんじゃないかな。いわば政治的な見方そのものがそういう己惚れに基づいているのに、それに気づいていない。みんなの己惚れにいちばん沿うようにつくられているのが現代の政治論じゃないか。無意識的な衝動で動いているなんて言われると、誰もが馬鹿にされたように思うわけです。自分は理性的だと思っている人に、無意識なんて持ち出して歴史を説明すると、人を馬鹿にしていると思うんですね。

三浦　たとえば中国の反日デモは？

岸田　あれも合理的に説明しようとしていますね。反日デモは、日本の首相が靖国神社を参拝したりして、軍国主義的、右翼的な傾向が強くなっていることに対する反発だ、と。ここ何年か、日本は、頭を下げてばかりいないで、自己主張するようになってきた。それを抑えるためには中国人民がそういう日本は認めないと示すことが、中国にとって国益である。そう判断したから、あるいは、官僚の腐敗がはびこり、貧富の差が拡大し、共産政権に対する民衆の不満が高まっている、それを日本非難へと逸らし、体制の安定を維持するために、ああいう反日暴動を中国政府がけしかけた、とは言わないまでも、抑えなかったという見方がありますね。それは、中国政府が、合理的、現実的判断力を持っているという前提に立っている。

三浦　その前提を取り去れば？

岸田　中国政府は感情的に動揺しているんだと思います。日本の敗戦をきっかけに共産党と国民党が内戦をはじめ、国民党が敗北して共産党政権が成立した。その際、日本は悪逆無道の帝国主義国家で、その日本の侵略を共産党が撃退したんだというお話で、共産党政権を正当化したわけです。

三浦　ええ。

岸田　ところが、それから二十何年か経って、田中角栄が首相になり、日中国交回復が行われたとき、中国側としてはそういう悪者の日本と仲よくするための理屈が必要になった。そこで、中国共産党が考え出したか、どこかから借りてきた理屈は、軍国主義者と日本人民を分け、悪かったのは日本の軍国主義者で、日本人民も中国人民と同じく軍国主義者の被害者だったんだと。戦争は悪い軍国主義者が起こしたんであって日本の国民じゃない、だから日本の国民と仲よくできるという理屈だった。そして、そういう理屈に基づいて日本と友好関係を結んだのだが、この理屈が嘘であることは中国側も知っているのです。しかし、この嘘を中国の国民に言い聞かせ、辻褄を合わせたのです。だから、一連の小泉純一郎の靖国神社参拝に反対するのは、日本の軍国主義の復活に文句を言っているのではなく、中国側としては、主観的には相当な理由があるんじゃないか。すなわち、これまで共産党政権を正当化してきた嘘の理屈を崩され、面子丸つぶれになるんじゃないか。小泉がA級戦犯を祀った靖国神社を参拝すれば、その理屈が崩されるわけですから。

三浦　そう思います。小泉純一郎は中国に嫌がらせをしたわけですよ。

岸田　小泉が嫌がらせするつもりだったかどうかは知りませんが、中国側には嫌がらせだったと思いますね。中国としては靖国に参拝してもらっちゃ困るんですね。

三浦　そうですね。

岸田　だから、国内事情ですね。中国共産党政権の正当化の問題もあると思う。

靖国参拝は背信行為か

三浦　小泉純一郎が日中平和友好条約という建前がありながら靖国神社参拝を行うのは背信行為なんだというのが中国側の論理ですね。

岸田　日中国交回復の数年後の日中平和友好条約も中国共産党のその論理に乗っかったわけですね。

三浦　建前としてそれに乗っかった以上はきちんとしなければならない。つまり、ふつうの家と家の関係で言えば、「お前さんの言うのは分かった。俺たちが悪かった。これから仲よくしようよ」と言っていたところが、「俺はぜんぜん悪いとも何とも思っていないんだ」というように受けとれることをしたということです。

岸田　そうですね。日本側も嘘をついていたんです。

三浦　「そんなつもりじゃない」と言いながらA級戦犯と日本国民は同じであるという論理をしつこく言っている。

岸田　しかし、現実には、軍国主義者が国民を騙して戦争にひきずりこんだというのは神話です。嘘です。軍人たちは国民を騙してうまく操れるほどずる賢い人たちだったとは思えません。あまり利口だったとは思えませんが、とにかく真面目な人たちだった。だけど、中国共産党政権が使ったその理屈は、日本人の一部にとっても都合が良かった。軍部は消滅し、軍国主義者は死んでしまったか、どこかに引っ込んでいるわけだから、ぜんぶ、いまや存在しない奴に責任をなすりつけてしまえばこれほど気楽なことはない。日中双方に好都合なこの理屈を双方が承認した。その理屈の上に友好関係を築いてきたのですが、それは嘘に基づく友好関係だった。じつは、国民の大多数は軍を支持していたんだから、軍国主義者だけが悪いというのは嘘です。軍国主義者に騙されて強制されたというのは国民の自己欺瞞です。自己欺瞞をやっているとアイデンティティが崩れ、不安定になる。歴史を偽ることですから。嘘なら嘘でいいじゃないかと言う人もいますが、嘘というのは結局アイデンティティを壊す。それはもう神経症のメカニズムです。そういう自己欺瞞をやっていると、自尊心を維持できない。自尊心を取り戻すためには、嘘は捨てなければならない。それを捨てると中国との友好関係が崩れるというジレンマにいまの日本は直面しているわけです。

じゃあ、自尊心を取り戻すためには必然的に日本は中国と喧嘩しなければならないかというと、そんなことはない。そこを説得力があるように説明する必要があるんですが、小泉首相はその説明をしない。そこが問題だと思うけれど、ぼくは靖国神社を参拝するのはいいと思います。小泉首相は戦死者を追悼するのに外国から口出しされることはないと言うけれど、それはそのとおりですけども、それだけではすまない。中国側にも、軍国主義者と日本人民は違うというこれまでの日中友好関係の論理は間違っていたということを理解させなければならない。たんに靖国神社の参拝を止めることで仲よくするというのは元の木阿弥です。それは自尊心を捨てて仲よくするということであって、長つづきしません。参拝をつづけてなおかつ仲よくするためにはそこを説得することが必要なんじゃないかとぼくは思う。

靖国肯定は岸田理論に反する？

三浦　そうですか。ぼくは岸田さんの考え方でいっても、靖国神社に参拝するのは良くないと思いますね。

岸田　どうしてですか。

三浦　論理的に合わないと思う。

岸田　うん、いままでの論理には合わないことは確かですが、いままでの論理が間違っていたのです。

三浦　靖国神社に参拝することで戦死者を慰霊するということじたいがナンセンスだと思いますね。靖国神社というのは軍部、とくに旧日本陸軍が所管していた神社ですよ。侵略戦争の戦死者を祀って戦意を高揚させるために設立されたものです。だいたい祀るというのは、日本の伝統で言っても、殺した相手、征服した相手をなだめるために祀るのであって、自分の側の戦死者を祀るものじゃあないでしょう。日本国内には征服した者が被征服者の霊を祀るというのはいっぱいある。菅原道真を祀るとかね。だけど、靖国神社はそうじゃない。靖国神社に祀ってお前の息子はお国のために立派に死んだんだよっていう証明書を出すような仕組みを作っちゃっただけですよ。明治政府が設立して旧陸軍が管轄していた神社に参拝するというのは無神経もいいところですよ。神仏に失礼です。日本人が中国に行ってかなり残酷なことをやっていたことは確かです。ぼくらが子供の頃でも聞いているわけだから。手柄話に尾ひれがついた話がいっぱいあります。

岸田　ぼくだって、中国でひどいことをしたと後悔している元日本兵に直接、話を聞いたことはあります。だけど、日本兵全員が残忍な人殺しだったわけじゃない。旧日本陸軍だって、明治の初めに欧米諸国の軍事力に対抗するために創設されたわけで、悪の権化の犯罪者集団だったわけではない。近代日本の戦争が全面的に侵略戦争だったわけでもない。日本陸軍が所管していたという理由で靖国神社を否定するのは納得がゆかない。もちろん、日本兵が中国で甚大な悪事を働いたことは事実で、百人斬りの競争をしたなんて、アホらしくもひどい話もありましたねえ。

三浦　ホラだとは思うけど、そういうホラを吹くような雰囲気があったということじたいが問題です。ぼくが中国人だったら怒るよ。いくらなんでも婦女暴行から何から軒並みひどいことをしていたんだから。そういう話がボロボロあるのに、一国の首相が「いや、それはぜんぶよかったんだ」というようなことを言ったんじゃ、たまんないよ、というか。

岸田　だから……

三浦　そもそも旧陸軍所轄の靖国神社がいまなおあることじたいがおかしい。岸田さんがおっしゃるように神経症になってはまずいわけだから、それをぜんぶ引き受けた上で、「本当に悪いことをした。申し訳なかった」と言って、事情を説明して、今後こういうふうなことは絶対やらないと、相手を納得させなければならない。相手を納得させなければ意味がない。いまの段階では、どっち側も納得してないってことでしょ、まだ。
岸田　そうですね。そういうことを相手に納得させる必要がある。しかし、それとは別に靖国神社は、明治の初め、戊辰戦争の戦没者を慰霊するために創られた。でも、戦争というのはたいていどこの国もやるわけで、国のために戦死した人の霊を慰めなければいけないというのはどこの国も同じです。そういう面と、侵略戦争のために使ったという面とは……
三浦　いや、戊辰戦争、西南戦争はまだ分かります。西郷隆盛の銅像も分かる。賊軍を祀っているわけですからね。だけどやがて軍部が変わっていく。日清、日露で変わっていく。だんだん威張りはじめる。言ってしまえば、軍人であることを誇りに思わせるための。
岸田　軍人というのは戦死する危険が大きいから、戦って死ぬことが誇りとされていないと戦わないですよ。そこはね。しかし、そのほかに霊を慰める機能もあると思います。戦死を名誉とするためだけでもないでしょう。
三浦　もちろん全面的にそうです。古代においてはいざ知らず、近代においては祀るということはそういうことです。

岸田　じゃあ、アメリカだってイギリスだって戦死者を祀っているわけだけど、それは……

三浦　全面的に誇りですよ。ワシントンにも広大な墓地があるじゃないですか。壁には名前を刻んでいる。それは死者のためじゃなくて、これから死ぬかも分からない連中、そのまわりにいる連中に対して示しているわけです。

岸田　国民を戦争で死なせることを正当化する機能があることは確かです。

三浦　対外的な戦争で国を守ったことを顕彰すると。それは何のためにあるかと言えば、死んだ亡霊に対してではない。生きている連中に対して。

岸田　効果としてはそういうこともあるでしょうね。

三浦　それだけですよ。死者は本当は平等です。英霊も犬死もありえない。結局、生きている人の気持としておさまりがつかない、ってことだけです。

慰霊は死者のためか生者のためか

岸田　霊を慰めることがナンセンスなら、一般の葬式なんかすべてナンセンスということになります。もちろん、葬式するのも残った人のためにやっているわけでね、死んだ人は何も分からないでしょうからね。

三浦　ぼくはそう思います。そして、生きていておさまりがつかないのは被害者の気持の方でしょう。

岸田　しかしね、どのような戦争も外国にとっては迷惑な話で、自国にとっては国を守った人っていうことになっているわけでしょ。そこで、戦死者を祀るっていうことが、外国にとっては肯定されるわけがないんだ、被害者にとっては。

三浦　いや、一般的にそこまでは拡張できないと思う。日露戦争でさえも武士道、騎士道の名残はあったのですから。だけど、日中戦争にかんしては違うでしょう。あれは簡単に言えば……

岸田　侵略ですが、そうではない面もないとは言えません。事実はそう単純ではありません。

三浦　宣戦布告も何もない戦争ですよ。ずるずるの戦争。

岸田　それはそうですね。

三浦　ずるずるになった戦争の中で、軍部がやりたい放題にやっていたわけですよ。それは暴力団が来て、自分の女房から娘から軒並み犯された、と、それくらいされたということですよ。

岸田　ある面では確かにそのとおりですよ。

三浦　それはそう簡単に水に流せない。それをとにかく、欺瞞だろうとなかろうと、中国側が苦心惨憺、軍国主義者と日本人民を分けるという考え方を編み出した。にもかかわらず、小泉は、「いや、軍国主義者も日本人民もじつは一丸となってお前の女房とか娘とかを犯したんだよ」と言っているんですよ。それで「これからはしないけどさ。だけど、罪を憎んで人を憎まずと言うだろう。お前の女房とか母親を犯して殺したことは悪いけど、それをやった奴は悪い奴じゃないんだ」と言っているように聞こえますよ。

岸田　まあ、向こうにはそう聞こえるかもしれませんね。
三浦　問題は、冠婚葬祭というのは、内側に対して意味を持つと同時に、それ以上に外側に対して意味を持つということです。そうでなければ冠婚葬祭じゃない。墓参りというのは個人的な行為ではない。世間的、社会的な行為です。それは岸田理論から言ってそうです。自分というのは相手との関係によって決まってくるわけだから。だから、「これは俺の個人的問題だろ?」というのは成立しない。だいたい、国家は他国の承認なしにありえない。だから、国家のレベルではプライベートということはありえない。
岸田　それはまったくそうです。

国家の仕組みと自我の仕組み

三浦　岸田さんの理論を全面的に展開してほしいと思うのはそこです。ここに中国さんという人と日本さんという人がいます。それからアメリカさんたちもいます。その関係性は、じつは人間の自我の構造とパラレルなかたちで考えることができる。問題はその仕組みの全体がじつは虚構なんだ。必要とされるけど、虚構なんだ。にもかかわらず、そのことで血相を変えている。本当にそれでいいのだろうかというのが、岸田理論ですね。
岸田　そうですね。
三浦　その観点がなさすぎると思う。国家は共同幻想だ。政治も共同幻想のレベルで行われている。

言ってしまえばゲームです。ゲームに熱中してしまうのが人間のおもしろさなんだけれど、それはおもしろさにすぎない。その観点がなさすぎるんじゃないですか。

岸田　どうかなあ……

三浦　そうはいかないですか。

岸田　よく分からないけどね。中国に対してひどいことをしたのは事実であって、賠償もしているわけですね、事実上は。それで、謝罪もしているわけで、そういうことを間違った……

三浦　それが「本当ではないのではないか」と疑われているわけです。もちろん本当の気持なんてない。中国さんの本当の気持とか、日本さんの本当の気持なんて本当はない。だからこそ気持というのは表現としてしか成立しえない。

岸田　もちろんそう。だけど、悪いことをしたと言って謝罪して、賠償して友好関係を持っているわけですよ。そういうレベルで謝罪するというのはもちろんすべきだけど、しかし、戦死者を祀るという、神社を作って参拝するのはこっちの自由だと思いますが。

三浦　そうはいかないですよ。歴史的な意味があるわけですから。少なくとも士官以上は有罪ですよ。士官以上の連中は納得ずくで金儲けと保身のためにやったんだから。しかも、岸田さんが『官僚病の起源』で完膚なきまでに批判された現在の官僚の悪さの起源が日本陸軍なんだから。軍人恩給の、たかりの精神でやってる連中を祀っているわけですから、それは駄目ですよ。根本的なところで人殺しが好きだとしか言えないですよ、実際にやったことを見れば。

岸田　いや、そういうことを言いはじめれば、それはどこの軍隊でも同じなんだよな。

三浦　もちろん同じですよ。だから、ぜんぶおかしいんですよ。ヒトラーをはじめゲッベルスとかあのへんをぜんぶ祀って、「俺たちはドイツ国民なんだから、お参りする。これは俺たちの勝手だろ?」ってやった場合、隣近所の連中がどう思うかですよ。小泉首相の論理は「もう謝ったじゃないか、金も払ったじゃないか。ヒトラーだって気の毒だ。罪を憎んで人を憎まず」という論理ですよ。(笑) それを言ってもいいのはユダヤ人であって、ドイツ人じゃない。人殺しがいけしゃあしゃあと、罪を憎んで人を憎まず、だから許してもいいはずだというのと同じです。それを言っていいのは被害者の遺族だけです。加害者が言ってはいけない。小泉には加害者の自覚がない。代々政治家だったのだから、直接的な加害者でしょう。これは、外側から見れば「それはやっぱりお前、反省も何もしてないじゃないか」というふうになる。靖国神社の問題にかんしては、小泉はやはり中国をなめていると思う。とくに死者に対する礼というのはつねに対外的な問題です。内側で密かに拝んでいるという隠れキリシタンみたいなそういう問題じゃない。(笑) だいたい、葬祭というのはこそこそやるものではない。隣近所に、自身の倫理規範の有無を告知するためにやるものです。たとえば今回のJR西日本の事故で、事故があったその日にみんなゴルフやったり、飲んでいたりとかあるじゃないですか。それから、一両目に乗っていてかろうじて助かった人がいたんですよ、バッグなんかも血だらけで。そして「これ、使えなくなったんだけど」ってプリペイドカードを見せたら、「一八〇円払え」って言われたんだって。事故が起こったために、出口を通していないからですね。それに対して「料金払え」と言われた、と。

岸田　乗っていた人が助かって……？

三浦　助かって、「一両目に乗っていたんですよ」って言ったら、「でも規定ですから払え」って言われたっていう、そういう話がある。ＪＲ西日本の連中って死ぬ思いをさせて悪かったとも何とも思っていないんです。旧陸軍ですよ。追加料金で一八〇円払えというのは、死ぬ思いをした、死んでいたかもしれない人に対してそれはないでしょう？　おかしいでしょう？（笑）それと同じことを小泉純一郎はしているんですよ。「これは内側の問題だから、ヒトラーを祀ろうが、東条英機を祀ろうが、勝手じゃないか」というのは盗っ人猛々しい。だって、隣の家の不良の息子に自分の家の娘が犯されて殺されちゃったと。不良の息子が死刑になって数年後に、隣の家でそいつの等身大の像を作って拝みはじめて、「いやこれは今後こういうことが起こらないように祈っているんだ」とか何とか言っても、これはぞっとする。（笑）

岸田　もしそうなら、もちろんそれはおかしいですが。

靖国問題に見る甘えの構造

三浦　まったく意味がない。東条英機のことを拝みたいなら自分の部屋で拝んでほしいよ。趣味の問題だからね。ヒトラーのことを好きだっていう人もいるわけだから。それはしょうがない。でも、それを国家的な事業にしてはいけない。

岸田　ヒトラーは確信をもって戦争を決断した稀代の独裁者で、東条は気の小さい小役人で大勢に従っただけの人で、大勢に従った責任はありますが、ヒトラーと東条を一緒にするのは無茶ですよ。それに、戦争に戦争犯罪はつきものですね。もちろん、戦争犯罪は徹底的に追及し、処罰すべきですが、東条を戦争犯罪人としたのは、アメリカのアジア戦略の一環であるし、これにかんしてはいろいろ疑問があります。ところで、アメリカ軍にしてもベトナムでは、ソンミ村の虐殺など数え切れないほどひどいことをしていますが、彼らの戦争犯罪は処罰されていません。ひどさのレベルが違うという問題ですか。

三浦　いや、トルーマンも原爆を落としたことで裁かれるべきですよ。

岸田　結局、東京裁判は、はっきり言えばインチキ裁判で、それで有罪とされたからといってこだわる必要はないと思います。戦後日本は東京裁判の判決を尊重することから出発したわけですが、敗者はいつまでも敗者の位置に甘んじていなければならないんですか。それに、暴力によって強制された契約は無効という法律もありますよ。どういう侵略だったかの問題もあるし、侵略した方とされた方で見方が違ってくるのは当然で、侵略された方の見方が必ずしも正しいわけではないですからね。とにかく、兵隊は国のために働いたと思っているわけですよね。

三浦　そうです。

岸田　侵略された方としては当然ひどいことされたと思っているでしょうが、そこの食い違いの問題ですけどね……

三浦　もしも、戦場に駆りだされたなかに被害者がいたとすれば、兵隊だけですね。士官クラス、とくに最初から陸軍士官学校とかなんとかに行っていた連中は戦争犯罪者ですよ。大東亜戦争では、それこそ岸田さんが書いておられるように、無謀極まることしかしていない。ちゃんと祀らなければならないのは、民間の死者です。沖縄にしても、東京大空襲にしても、広島、長崎にしても何にしても、靖国神社なんかよりははるかに重大です。アメリカは落とす必要もないのに原爆を落としたわけだから、その罪悪感というのはアメリカじたいに跳ね返っていく問題としてある。だからベトナムへもイラクへも行かなきゃならなくなった。まさに神経症で、岸田さんのご指摘のとおりだと思います。同じようなことは中国にも言えると思います。つまり、アメリカも神経症だけど、中国も神経症だと思いますよ。それは岸田さんのおっしゃっておられた、日本と仲よくするために強引に作った理屈のせいかもしれない。「この理屈を作った以上、お前さんもそれに乗ってくれなきゃ困るじゃないか」と。

岸田　ということだと思います。日本はいままでそれに付き合ってきたけど、もう付き合いきれなくなったのです。

三浦　それもあるでしょうしね。台湾問題、ベトナム問題、チベット問題。ぜんぶその神経症の問題かもしれない。だけど、それにしても、小泉首相の靖国参拝が許されるわけではない。鎮魂とか慰霊とか、ちゃんと考えたとは思えない。陣笠議員のときに、郵便局を民営化するとか靖国に参拝するとか怪気炎をあげていた……

岸田　昔から言っていたようですね。

三浦　昔からというのは、一貫性のようでもあるけど、進歩がないということでもある。中国の古典を出すなら、易経の「君子豹変」す。小義を取って大義を捨てては駄目だよ。それにしても日本の知識人というのはいい加減というか、一九六〇年代を考えてみれば、状況の変化には驚くほかない。当時、根本の問題は天皇制ですよ。いまだってそうです。天皇制にかんしては、やっぱり天皇制を廃止するなり、もう少し人間的なものにしないと、皇族の方々がものすごく気の毒です、どうしてあんな気の毒な生活を強いられるかというと、結局、国民が天皇という母に甘えているんですよ。甘えの構造になっている。ぜんぶ、無責任になる。靖国問題にしてもJR西日本事故にしても何にしても、上へ上へと登って、最後にはかすみがかかっちゃう。

岸田　全員が無責任になっちゃう。そういうことですね。天皇制にもいろいろ問題はありますが、それにしても、士官学校を出た連中は戦争犯罪者だというのは極論すぎないですか。

三浦　『官僚病の起源』を読むと、そう思えてくるんです。(笑)

聖俗分離の居心地の悪さ

三浦　岸田さんの理論で言えば、小泉純一郎にしてもブッシュにしても国家という自我を背負ったかたちになっているわけです。それは共同幻想のレベルで動いている。小泉は小泉の身体を持っているとか、ブッシュはブッシュの身体を持っているとか、現実的身体的に規定されていても、建前としては共同幻想のレベルで動いている。だから、彼らが死ねば次の人をすぐに立てなきゃいけない。国家として持続しなくちゃいけないその幻想のレベルで動いている。だから、カントーロヴィチのいう「王の二つの身体」と同じように、小泉にしても二つの身体を持っているわけです。これはしかし小泉やブッシュだけに限らない。中国の反日デモを見ても分かるように、誰もが二つのレベルに跨っている。日本料理店があった場合にはそれがシンボルになるわけです。そこに石をぶつけることは日本に石をぶつけることになる。石をぶつけている中国人は中国という国家になってしまっている。で、愛国無罪になる。その構造を解明したのが岸田理論です。つまり、人間というのは何かのつっかえ棒がなきゃ駄目で、国家とか会社とかいうつっかえ棒が必要なんだ、と。その仕組みがはっきり分かれば、その仕組みから解脱できるというのが岸田理論ですね。

岸田　そうですね。

三浦　だけど、人間はぜんぜん解脱していない。その解脱してなさが問題なんです。たとえば、ひとりの人間がたまたま中国に住んでいるために、中国という実体のない幻想に同一化してしまうことの恐ろしさ。典型的な例は自爆テロ。イスラム教という宗教のつっかえ棒でしょ。自爆テロなんてふつうできないですよ。

岸田　そうですね、何かのつっかえ棒に支えられていなければ、個人的な理由だけではあのようなことはできないですね。

三浦　とても分かりやすい話なのに、人間はなんでいつまでも分からないんだろう、ということです。自爆テロも中国の反日デモも同じ仕組みですよね。
岸田　個人は個人としては成り立たない。何かひとつ自分より上のレベルの存在というか、神でもなんでもいいですけど、そういうものに所属させないことには自我は安定しないということですね。そして、自我を所属させるということはそれと同一視するということです。自我を国家に所属させていれば、国家を代表して国のために死ぬっていうことが可能になってくるわけですよ。特攻隊もそうだし、自爆テロもそうだと思うけども。自爆テロとか特攻隊は極端なかたちであまり好ましくないとは思いますが、しかし自我に何らかの支えは必要なんです。支えに頼りながら、完全にそこに埋没してしまうことを防ぐ何かがあればいいんですけどね。それはしかし、なかなか難しいんじゃないかなあ。
三浦　その場合、共同幻想がつっかえ棒になりやすいわけですね。
岸田　そうです。それは国家でなくともいいんですけどね。
三浦　要するに宗教ですね。
岸田　宗教の意味を拡大して、それを宗教だと言うんなら、そういう宗教的なものが必要だってことですよね、人間に。

国家もひとつの宗教団体である

三浦　現実的に歴史を見ていけば宗教と国家はほとんど一体です。

岸田　ええ、そうですね。たいていはそうじゃないですか。
三浦　たいていは宗教の中に生まれてくる。そこでアイデンティティを持たされ、ある宗教の一員として成長してくる。
岸田　ええ、そういうことじゃないですかね。
三浦　それで、ある段階から世俗化がはじまる。つまり世俗的なことと宗教が分離していく。それが、ヨーロッパを中心に十九世紀から二十世紀にかけて世界的に展開する。それがいわゆる西洋世界だ、と。ところが、それがイスラムの場合にはうまくいかなかったんじゃないかと、岸田さんはおっしゃっておられた。
岸田　聖俗が分離してゆくのが正しい進歩の方向だとすれば、イスラムの場合に聖俗分離がうまくいかなかったという言い方もできないわけではないですが、国家と宗教が分離するのはヨーロッパの特殊事情だったということなんですけどね。
三浦　日本はどうですか。
岸田　ヨーロッパはローマ帝国の植民地であり、日本は中国という中心的文化の周縁だったということが、日本とヨーロッパに共通したところですね。日本が和魂洋才というかたちで近代化できたのはヨーロッパと同じような文化構造だったからだと考えたわけです。
三浦　アメリカはどうなりますか。
岸田　その論理でいくと、アメリカはまずマニフェスト・デスティニーという神から与えられた明白なる天意で新しい国家を作るという出発からして宗教国家ですね。その後の展開で、アメリカはやはりヨーロッパの派生国家ですから、ヨーロッパのパターンを引き継いでいると思う。新天地に向けて希望に羽ばたいていったという言い方もできますけど、ヨーロッパからはじき出された被差別階級、被差別者が作った国で、被差別者っていうのは自分を差別する支配者の文化を受容し、崇拝しながら、同時にそれに反発しているという矛盾した二重構造に囚われています。そういう構造がもともとヨーロッパにあったわけで、そういう構造をアメリカは受け継いでさらに拡大強化していると思います。

三浦　アメリカは宗教国家だというのは重要ですね。ファナティックな要素が非常に強い国だと思う。そこがヨーロッパと違う。ヨーロッパの方は何度も宗教戦争を体験して、それでとにかく政教分離までいった、と。アメリカの方は昔どおりの狂信性を相変わらず持っていて、つまりもちろんいまでも進化論を信じていないのが五〇%もいる。(笑)ブッシュはその層の支持で勝った。選挙対策本部は、このままで行くとダーウィンが勝っちゃうよ、って言ったわけだ。(笑)

岸田　しかし、ファナティシズムっていうのはヨーロッパにだってありますよね。フランス革命やロシア革命、ナチズムもファナティシズムの現象です。ヨーロッパが安定して落ち着いているというわけではない。

三浦　政教分離がうまくは機能しないのは、俗の部分においてもつねに宗教的なものが復興してしまうことからも分かる。左翼がそう。セクトにしても何にしても、宗教そっくりになってしまう。ということは、自我を支える構造としてはファナティシズムというのは避けがたくいつまでも残るということですか。

岸田　そうでしょう。明治時代に和魂洋才と言っていましたね。和魂と洋才は別なんだという認識のもとに、和魂は堅持するけれど、現実的な問題として洋才が必要だということでやっていた。だけど、結局、聖俗分離は居心地が悪い。時と場合によって使い分けなければならないですからね。だから統一したくなる。日清・日露戦争がうまくいくと、和魂だけでもやっていけるのではないかという考えが出てきて、それがファナティシズムになった。それで、日本がファシズムに傾いたんじゃないか、と。日米戦争での日本軍の戦い方を見てみると、和魂を強調しすぎて、洋才の方をおろそかにした嫌いがある。

三浦　同じことがヒトラーの場合でも言えますか。

岸田　ヒトラーの場合、ドイツは、ワイマール時代は平和主義と国際協調でやってきたわけで、それがやっぱり居心地悪かったんでしょうね、ドイツ国民にとってね。

三浦　それと経済の悪化ですね。

岸田　第一次大戦のヴェルサイユ条約が苛酷すぎたと言われていますね。

三浦　ええ、それで、集団的な被害者意識が強くなって、僻みに僻んじゃって。

岸田　誰か加害者を見つけたくなって、まずユダヤ人をスケープゴートにした。

三浦　そこは、和魂洋才でいえばゲルマン民族の魂を取ってユダヤ人の才覚を切り捨てた……

岸田　洋才というのはいわば心ならずも便宜的に使ったものです。妥協して使っているわけだから精神的な統一と誇りから言うとそんなものは捨てて和魂だけで勝てればいちばんいいわけですよ。一貫性というか。そのためには洋才が邪魔になるのですが、実際には洋才を無視すれば、挫折、失敗、敗北ということになる。

ファナティシズムの論理

三浦　ファナティシズムは、人間の自我の仕組みの必然なんでしょうか。共同幻想に過度に一体化することが。

岸田　人間の自我を支える究極のものが必要なわけですね。人間はどこまでも考えつづけなければならないとなると、くたびれ果ててしまいますから、どこかで思考停止する必要がある。いわば神の存在がそれですね。神さまが世界を創ったという話があって、じゃあ神は誰が作ったのかとは考えない。そこで思考を止める。そんなことを言っていたらきりがないからです。どこかで停止しないともたないわけですからね。天皇というのも思考停止の機能です。天皇の命令は絶対だということにして、それ以上は考えない、というね。自我というのは幻想ですからね、幻想の自我には究極の根拠が必要であって、そういうものに人間は頼らざるを得ない。神なら神に頼るとか理想なら理想に頼るとか。それがファナティシズムじゃないですか。そして、そういうのは必然的に非現実的なんです。人間っていうのは、自分の人格の一貫性というか、信仰というか、理想というか、そういったものをいくらかは裏切らないと、現実には適応できないというふうになっているんじゃないですか。しかし、それは居心地が悪い。そこで葛藤しているのが人間だと思うんです。ファナティシズムっていうのはそのうち現実には挫折するけど、それに耽溺しているときは気分がいいんですよ。

三浦　ええ。考える必要がない。極端に言えば別の人の頭で考えられるから。

岸田　そうですね、思考停止していますからね。

三浦　それが本当に思考停止なのかどうかが分かんないんですよね。つまり、誰かのシステムで動いているわけですよね。

岸田　だから自分では考えていないわけですね。

三浦　自分で考えないけれども、思考の回転速度はもっとあがっている。理屈も何もすごくよく出てくる。

岸田　ということですね。

三浦　自動回転式になっちゃう感じ。

岸田　そうじゃないですか。（笑）中国だって文化大革命のときはその典型だったと思うんです。

三浦　そうですね、そこの仕組みにかんしてはみんな経験して分かっているわけだから、どうにかならないんでしょうか。日中戦争の仕組みにしても、どこまでがファナティシズムで、どこからが違うということがあると思う。インドネシアでは日本軍の占領は必ずしも評判は悪くない。ぼくが行ったときでも印象がいい。

岸田　そうですね。台湾でもそう悪くないようですね。

三浦　人間というのは悪いだけということはふつうあり得ない。一人ひとりの人はいい人なんだけど、集団になると違うというでしょ。南京大虐殺にしても、一人ひとりの人間には子供を見て「かわいい」と思うレベルがあって、そういうところでは事件は成立し得ない。問題なのは、事件が起こるレベルです。ある段階からファナティックとしか言いようのない感じになる。その仕組みの研究が日本と中国ではまだ手つかずなんじゃないか。アメリカの一九七〇年代、公民権運動の延長上で作られた一連の西部劇があったでしょう。「ソルジャー・ブルー」とか、インディアン虐殺の記録映画みたいな。

岸田　「ソルジャー・ブルー」は残念ながら、見ていないんです。「ダンス・ウィズ・ウルブズ」は見ましたが。

自我のメカニズムと党派のメカニズム

三浦　そういう、祭りとか戦争とかから一挙にファナティックなものになっちゃう例は、古今東西、いっぱいある。それは日中戦争でもベトナム戦争でも起こっているわけです。その仕組みを考えなきゃいけない。文化大革命の場合で言えば中国人自身がファナティックになっているんだから、それは民族に関係なく起こることです。だとすれば、日本人が鬼だとかじゃなくて、人間は誰でも鬼になる瞬間があって、客観的にそれを研究することが必要だということでしょう。

岸田　うん、そうですね。スターリングラード攻防戦の生き残りのロシア人がインタヴューされて、「悪魔だと思っていたら、街にやってきたドイツ兵が子供をかわいがってくれるやさしい人だったのでびっくりした」と言っていましたね。しかし、その寸前、彼は本当に悪魔だったかもしれないのですよね。

三浦　まず相手を納得させるまで謝る。それから「今後は絶対に気をつけるから、この問題をしっかり考えよう」ということがいちばん重要でしょう。

岸田　うん。そうですね。そのとおりです。

三浦　たとえばトルーマンが原爆を落とすことに決めた経緯の精神分析的研究はちゃんとなされているのだろうかというようなことです。日本の一般市民を大量に犠牲にしてもいいという考えはどのように発生したのか、遺伝子の隔たりが大きいと残酷になれるのかとか。

岸田　そういう説明だけでは納得できないですけどね。

三浦　でも、そういう説明くらいすべきです。岸田さんの自我モデルなら自我モデルを用いて、それが現実的にどういうメカニズムで動いているのかという。

岸田　それは本当に重要な問題ですね。

三浦　岸田さんご自身、ファナティックになるってことはあるでしょ。

岸田　思い出してみると、何回かありましたね。

三浦　七〇年代の学生運動や何かにはいっぱいあった。それは党派的なセクトになってきた場合にはものすごかった。
岸田　そうですよね。でもその分析はぼくの手に余りますよ。
三浦　そんなこと言わないでくださいよ。（笑）中国の反日デモも韓国の反日デモも、政治の論理だけではなく、自我の論理、ファナティシズムの論理が働いている。あれはやっぱりある種の必然性ですか。いつまでたってもなくならない。
岸田　また起こるんじゃないですか。
三浦　昔からお祭りはあった。お祭りは人為的なファナティシズムですね。
岸田　そうですね。死人が出るまでやったりしたわけですからね。いわゆる未開社会のお祭りっていうのは人が一人くらい死ぬんですよね。お祭りは必要なんじゃないですか。
三浦　ということは、祭りを掌握していた古代人の方が現代人より優れていたということですね。
岸田　そうかもしれないですね。昔のお祭りは被害がはるかに少ないですものね。近代文明が古代人の知恵をぶっ壊したのです。
三浦　しかもあるコスモロジーの中でやっていたわけだ。
岸田　インディオの場合は、何かフットボールみたいな試合やって勝った方のチームのリーダーが生け贄になって死んで、血が神に捧げられるということをやっていたらしいですね。
三浦　それが最大の名誉なんでしょうね。

岸田　そうらしいです。
三浦　それにしても、先日のＪR西日本の事故は岸田さんの『官僚病の起源』そのものですね。驚くべきことに、ＪR西日本はほとんど旧日本軍と同じ構造をしている。上と下が切れている。上下の信頼関係がない。士官と兵というか、やっぱり支配者と被支配者ができている。
岸田　支配者の指揮官や参謀などが共同幻想を牛耳っているんですね。その共同幻想から兵隊たちは排除されていて、死のうがどうなろうが、あまり気にされない。
三浦　限界点を突破するようなダイヤを作っちゃうとか、人減らしをしちゃうというのは、旧陸軍と同じ構造ですね。
岸田　本当にまったく同じ構造です。
三浦　なぜ『官僚病の起源』を読まないのかな。
岸田　なんででしょうね。（笑）
三浦　読めばそんなことくらい歴然とするじゃないですか。あなたがたは旧日本軍と同じ誤りを犯す可能性があるから気をつけて下さい、という本を出しているわけですよ。
岸田　自分のことだとは思わないのでしょうね。（笑）
三浦　ああ、そうか。
岸田　「ああ、こういう馬鹿もいるんだ」と思っちゃうとかね。
三浦　そういうこともあるわけだ。

中国、朝鮮、日本――三角関係の由来

三浦　聖俗分離ということでは、中国にかんしてはどう思われますか。

岸田　あんまりないんじゃないかな。

三浦　最初からそもそも「聖」っていうものがなかった？

岸田　中国は皇帝支配で、その皇帝が天を戴いているわけだから、やっぱり「聖」というのはあったと思う。そしてやはり皇帝中心主義ですから、一神教的な組織にちょっとは似ていたんじゃないかな。中華思想っていうのはそういうことじゃないですかね。

三浦　ということは、中国には聖俗分離がなかったということですね。

岸田　なかったと思いますね。その必要がない。聖俗分離っていうのは、いわば聖なるものに対して、差別され排除されて聖なるものに反発しながら依存せざるを得ないような存在が別の構造としてつくり出すことだと思います。

三浦　そうすると、日本の場合はその中国からの距離によって成立した、と。

岸田　だと思います。朝鮮なんかは中国にあまりにも近いからいわば属国になるしかない。日本は海によって中国と隔てられているので直接、軍事的、政治的には支配されないけれども、文化的には強く影響される。そういう微妙なところに日本という国はあった。中国に対しては、たとえば、聖徳太子に見られるように、昔から「日本は日本だぞ」という態度があって、しかしそれほど中国に

対して敵対的にはなれないという、そういう曖昧な状況だった。いわば和魂洋才ならぬ和魂漢才で、日本独自のものを持ちながら依存しているところがあった。それが、ローマ帝国との関係におけるヨーロッパの構造とちょっと似ていた。中国の文化を模範的文化と認めながら、距離があった。全面的には自分の文化じゃないと思っていた。だから、近代になって必要になると、たいして抵抗なく模範をヨーロッパの文化に切り替えることができた。朝鮮の場合は中国の儒教の文化を自分のものにしてしまっていたんですよ。

三浦　朝鮮の場合は、中国よりも自分たちの方がもっと中国的だと。

岸田　ああ、そういうこと。

三浦　中国で王朝が替わる。すると「私たちの方がご本家さんのことをよく存じ上げてますのよ」ということになる。

岸田　それだと分離が行われないですね。朝鮮と違って、日本にとっては中国は異文化だったんですよね、真似してはいるけど。だから儒教にしても便利なところだけ取り入れている。儒教では、武官は文官より下ですが、そんなところはまるっきり無視する。

三浦　韓国の方が徹底して取り入れているから、中国より儒教的ですよね。

岸田　そういうことじゃないかな。

三浦　だとすると、中国におけるファナティシズム、あるいは中国における愛国主義は、イスラムのそれに近いことになりますね。イスラムは国によって分かれているけれども、宗教的には同じです。そういう意味では中華帝国に似ている。

岸田　しかし、中国も近代になって阿片戦争などでめちゃめちゃに負け、香港を割譲させられ、そのあとまた、日清戦争で負けます。近代になって外国から侵略されたために、天を戴く皇帝の支配体制のかつての一貫性は崩れたんじゃないかな。だからチベットに対する残忍な侵略もかつての中国ならやらなかったようなことです。中国は近代において外国にやられたことを模倣したわけです。精神分析ではこういう現象を攻撃者との同一視と言いますが、自分を圧迫する敵を真似る。それが自我の形成のメカニズムなんです。自分に対する攻撃者、支配者である親の自我を取り入れて自分の自我を作るのが子供の自我の成立です。敵の真似をするということが、人間が自我を持つはじまりだということです。これはそのままアメリカと日本の関係です。ヘレン・ミアーズの『アメリカの鏡・日本』は、内部からアメリカの対日政策を批判しています。近代日本はアメリカを模範とし、アメリカの真似をしたにすぎない。アメリカはアメリカを尊敬し真似してアメリカのようになった国を叩いているとこの本は告発しています。日本は精神分析用語で言えば、攻撃者であるアメリカに同一視し、アメリカの真似をしたというわけですね。中国の場合も同じじゃないでしょうか。近代になってイギリスと日本から侵略を受けて、軍事力によって民族を支配することを学んだ。そして、それをチベットに応用した。日本はその前にアメリカとヨーロッパから学んだ、そして、それを朝鮮と中国に応用した、ということになると思います。

三浦　でも、元という国が成立したにもかかわらず、なぜそれを真似なかったのだろう。元の次は明ですね。明では鄭和の艦隊がマダガスカルまで行っているけれども、侵略的な行為はしていない。
岸田　そうですね。元に支配されたんだけど、それは中国人のアイデンティティを崩さなかったのでしょうね。
三浦　確かに、アイデンティティということで言えば、元であろうが清であろうが、だいたいは遊牧騎馬民族と呼ばれる連中、周縁の連中が中央に来て支配する。そこで、漢民族の影響を受けて漢民族化して滅亡し、その後は漢民族の支配になる。で、また次に周縁の連中が来て、というその繰り返しですね。
岸田　だから、アイデンティティを冒されるから相手と同一視して相手の自我を取り入れるということですね。

中国のアイデンティティ・クライシス

三浦　それじゃあ、中国は日本によってアイデンティティを崩されたわけだ。
岸田　その前にイギリスに崩されていますが、さらに日本に崩されたわけですね。
三浦　日本によっていちばん嫌なかたちでアイデンティティを崩された。その象徴が天皇だった。
岸田　ですよね。
三浦　要するに、日本がそれまでの天にかわって満州民族を使って傀儡を作ってというのは、いちばん嫌なことだった。

岸田　満州建国より、上海事変で、中国本土まで攻め込まれたというのはやっぱりショックだったと思います。万里の長城の北の満州はどこかやはり異民族の土地でじつはたいして大切じゃなかったっていう説もあります。

三浦　中原まで攻められたことに対する反発ですね。

岸田　日本は満州でやめておけばよかったたっていう説があるけれども。

三浦　満州でやめるんじゃなくて、満州が反日本になればよかったんですよ。

岸田　そうです。そうです。満州が独立して。

三浦　ええ。独立して、満州共和国として日本に対して戦争をする。

岸田　アメリカがイギリスと戦争をした独立戦争のようにね。

三浦　そう。それなら中国のアイデンティティは崩れなかったでしょうね。いまの岸田さんのお考えでは、その後の中国が日本によって深刻なアイデンティティ・クライシスを持ったということですね。

岸田　そうだと思うんですけどね。

三浦　だから言うんですよ、靖国神社問題には気をつけなくちゃいけないって。

岸田　うんうん。

三浦　つまりモンゴルとか……

岸田　モンゴル民族も日本民族も中国にとっては異民族ですが、どういう態度で中国に対したかということですよ。結局、それは文化の問題で、いわば日清戦争のときの日本のやり方が中国文化の否定だったわけですよ。お前たちは遅れている。我々の方が新しい文明を先に学んだからこの文明をお前たちに教えてやるという態度だった。それは、日本に対するアメリカの態度をそっくりそのままコピーしたものだった。そこが元とかと違ったんじゃないかな。それまでの中国崇拝への反動で、中国文化を下に見た。そこが大いに違っていたと思う。

三浦　だから、対中国政策にはよほど細心の注意を払わなくちゃいけない。

岸田　そうだと思いますが、靖国参拝ね……

三浦　さらに問題ですね。いまのお話で分かったけど、岸田さんのお考えでは中国は日本に身体的に傷つけられたのみならず……

岸田　アイデンティティを崩された。それまでは華夷秩序というものがあって、周辺の国は中国への朝貢国だった。日本はそれに取って代わろうとしたわけです。大東亜共栄圏は日本が華になって、中国などは夷になるという新しい華夷秩序でした。元は中国を支配したけれど、中国文化は受け容れ、中国文化の方式で中国人を統治した。そこがやっぱり違うんじゃないかな、元の中国支配と、日本の中国侵略の違いですね。

三浦　それはあるでしょうね。それまでは武力の問題だったのが、日本は知力の問題で迫った。中国は何人といえども知力において負けることは許さなかった。

岸田　元というか、モンゴル帝国は西アジア、東ヨーロッパの方まで征服しましたが、苛酷に搾取はしたものの、その地の宗教や文化に干渉しなかったそうですね。

三浦　日本が中国を侵略した結果、中国がベトナムに侵攻したりチベットに侵攻したりっていうことが起こった、と。

岸田　そうですね。

三浦　それで台湾に対してもものすごく神経質になった。

岸田　台湾が中国の固有の領土だなんてとんでもないと思います。中国のものではない。

三浦　国共内戦のどさくさであそこに逃げこんだからこういうことになっちゃった。それまでも領土の拡張ということはあったけれど、朝貢させるということにすぎなかった。

岸田　台湾は中国に朝貢なんかしていなかったと思います。ポルトガル人とかオランダ人とかがやってきたり、中国人が住みついたりしていたけど、中国の領土であったことはない。

三浦　中国が領土問題に神経質になるのは……

岸田　ロシアに侵略され、周辺の地をかなりロシア領土にされたためでしょうね。ウラジオストックのようなところがなぜロシア領かを考えてみれば分かります。それ以前、中国にとっては、だいたい自分の文化や武力や政治力が及ぶところが辺境というか、地の果てであって、領土という観念は別になかったと思います。

三浦　世界の中心だと思っているわけですからね。線を引いても意味がない。やっぱりグローバル化したというか。

岸田　領土という観念はヨーロッパ起源でしょうね。
三浦　それにしても領土というのは何ですか、自我から考えた場合。
岸田　領土とは自我の領域ですね。ヨーロッパ人は自我が強く、厳しく自我を守ろうとしますが、領土についても同じですね。
三浦　テリトリーですか。
岸田　自我が侵されたら不愉快なように、領土を侵されたら不愉快になる。
三浦　その場合、所有ですか。
岸田　所有という観念は自我の問題ですね。自我が何かを所有するのです。自我がなければ所有はない。
三浦　ふつうは農耕とともに成立したということになる。その前まではテリトリーで、たとえばアメリカ・インディアンの移動領域は領土ではない。毎年、狩りをする場所というような……
岸田　それはアラブの遊牧民の場合も同じでしょうね。
三浦　それが線引きになっていくのは農業でしょうね。
岸田　そうですね。

被害者はひそかに加害者と自己を同一視する

三浦　攻撃者と自己を同一視するのは、幼児体験として病的な場合ですか。

岸田　いや、病的なことではありません。いかなる親子関係でも親がやっぱり支配者、絶対権力者ですからね。そういう親との関係において起こることです。
三浦　そうか。なるほど。
岸田　愛情豊かな優しい親でも支配者なわけですから。子供は無力ですから、完全に親という全能者に依存し、支配されているわけです。この状況は愛情溢れる親であろうが意地悪な親であろうが、同じです。子供は親に依存しており、依存状態のなかで挫折や不満を体験し、その屈辱から逃れるため、親に取って代わって支配者になろうとするのです。それは他の哺乳類とはぜんぜん違う。動物には本能的な親子関係があるだけです。人間の場合は親に依存し、支配されるわけです。ライオンの親は子供のライオンを支配しているわけじゃない。鹿や馬や熊の場合だって同じです。支配される劣者というのが人間の出発点です。そして強者になりたいと思う。だから、強者になりたいと思うのは人間だけです。攻撃者と同一視するというのは人間が最初に試みることなんじゃないかな。
三浦　分かった、つまり支配者との同一視ということですね。
岸田　そうですね。攻撃者との同一視と精神分析用語では言うんだけど、支配者との同一視とした方がいいかもしれません。
三浦　だとすると、もともと、共同幻想的にできているということですね。
岸田　共同幻想的に、というと？
三浦　つまり、その仕組みは集団と集団の関係にも当てはまるじゃないですか。

岸田　そうですね。
三浦　集団を単位として成立することと個人を単位として成立することがパラレルだということは何を意味するのか。
岸田　それは集団の社会構造も、個人の人格構造も人為的な構造だということです。人間の個人の人格構造は本能に従って形成されるのではなくて、あとから人為的に作るものですから。そして社会も同じように人為的に作るものであって、ハチやアリの社会みたいに本能でできるわけじゃない。その作り方は結局、同じじゃないですか。同じ構造をしているんですよ、人格構造も社会構造も。両方ともですね、人為的に作られ、かつ、作り方が同じなんですよ。人格構造というのは、元々不自然なものなんです。不自然なものというのは、人為的なものという意味です。個人の人格構造は本能的なもので、自然に成長すると思っている人もいるかと思うんですが、そういう考え方はぜんぜん間違っています。一つ一つ煉瓦を積みあげて家を建設するように、一つ一つ経験という煉瓦を積みあげて人格構造を構築するのです。その作り方が、人格も社会も同じなんですよ。同じやり方でできていますから、同じなわけ。
三浦　それは同じ次元で同じということですか。写像関係にあるとかではなくて。人格構造と社会構造の関係ですが。
岸田　はい。同じ次元で同じです。どっちが先かというのは、本当にニワトリとタマゴになっちゃうけれど。

三浦　いまの説明で言えば個人の方ですかね。
岸田　個人はしかし、世界構造を模して自分の人格構造を作るということがあるからなあ。

自我の支えは簡単に取り替えられる

三浦　すると、母親を支配しているシステムということで言えば共同幻想の方が先だということですか。
岸田　母親を支配しているものというのは誰？
三浦　父かも分からないいし、族長かもしれないいし、母の母かも分からない。生存の最小単位のグループは二十五人と言われています。よくマジックナンバーと言われている。狩猟採集で移動する場合の最小単位、いわゆるバンドの構成数です。個体維持と世代維持、つまり老人と孫がいてという世代的な再生産が可能な最小単位が二十五人ということなんですね。この二十五人という単位から考えていった方がいいと思う。たとえば、アフリカの大地溝帯から現生人類が発生して移動しはじめたという場合、その単位はおそらくこの二十五人だっただろう。この二十五人における共同幻想は自己幻想と一致していただろうということです。
岸田　そうですね。
三浦　これじゃ転倒も何もないね。
岸田　転倒って何ですか？　吉本さんが言っていたこと？

三浦　ええ。
岸田　ないと思いますね、吉本さんが言ったような意味のことは。
三浦　個人にとって国家は観念で、逆に国家にとって個人は観念なんだという。
岸田　そうですね。
三浦　つまり、国家にとって個人というのは数なんですよ。統計にすぎない。だけど個人にとって国家はまったくの幻想です。そこに転倒があるということです。二十五人が、二千五百人になり二万五千人になり、二十五万人になった場合にも、ただ平面的に広がるわけですか。
岸田　平面的に広がっていくというのはどういう広がり方？　転倒なしで広がるということ？
三浦　ただ加算されてゆくというか。たとえば、支配者はふつう内側から順に登って頂点に立つわけじゃない。かさぶたみたいにかぶさってくる。寄生虫みたいにくっついて、それが上層を形成する。支配というのは、たいていそうです。ヨーロッパの王族にしても、あれは国や土地の縦軸とは関係がない。オーストリーとかイングランドとかフランスとか横の関係だけです。つまり王族というのは支配業という一種の職業ですよね。
岸田　なるほど、そうですね。
三浦　その支配被支配の切れ方とは何かということなんです。自我のつっかえ棒としての共同幻想という、その仕組みがあるから成立するわけですね。このつっかえ棒を取り替えますと言って、ぽんと取り替えてやればいいだけでしょ。

岸田　うん、別のつっかえ棒でいいのよね。
三浦　それは五千万だろうが、一億だろうが、はい、みなさん、一斉につっかえ棒を取り替えます、この前までは……
岸田　天皇だったけど、今度はマッカーサーとか。
三浦　そう。それができるって、どういうことなんですか。個人の自我の仕組みがそういう構造をしているから、支配が成立するということですか。
岸田　個人の自我は、攻撃者と同一視して成立するのだから、つねに自分の支配者の存在が前提になるわけです。支配者がどこかにいるから個人があるわけで、個人が存在するためには支配者が必要なわけです。支配者との緊張関係が必要なんです。支配者は誰でもいいって言えば誰でもいいんですけど、しかし、要るんです。
三浦　その支配者は観念であり得る。
岸田　観念でもいいんですけどね、いなければ……
三浦　思考のシステムであってもいい。
岸田　観念でもいいし、思想でもいい。全智全能の神でもいいし、偶像でもいいし、とにかく自分よりは上にあって、尊敬に値するが、いくらか敵対しているもの。

恥と誇り、罪と罰

三浦　恥、誇りというのは何ですか。

岸田　誇りは自我の支えですよ。ひとつ上の。

三浦　神とか共産主義とか天皇とか……

岸田　というのと自分がつながっているということですよ。

三浦　ああ、それが誇り。

岸田　そうじゃないんですか。誇りというのは自分だけでは持てないと思いますよ。何か他のより価値あるようなものとつながらないと誇りは持てないですよ。

三浦　うーん。自尊心って言った場合の、その自尊心というのは関係性？

岸田　もちろん、関係性です。自分の尊敬に値する何者かとの関係です。それは自分の中には絶対にないです。たとえば「俺は先祖代々の立派な家系だぞ」という自尊心を持っていると、先祖代々の立派な家系がその人を支える。「俺は才能がある」と威張っていても、その誇りは自分だけでは持てないですね。その才能を尊敬する他者がいなければならない。

三浦　誇りと恥は一緒ですね。

岸田　誇りの反対が恥だからね。

三浦　罪と罰はどうですか。

岸田　誇りと恥の関係と、罪と罰の関係はまた違うと思います。誇りというのは、自分にかかるんだけど、罪というのは原則に違反したかどうかということだから、罪深いけども誇り高いということもあり得る。「俺は敵兵を百人斬り殺した」という罪深いことに誇りを感じることだってできるし。

三浦　恥の文化と罪の文化を、日本的な価値基準とヨーロッパ的な価値基準の違いとして言うことが多いですよね。つまり、支えが相対的なものと絶対的なものっていうふうな言い方で。

岸田　ルース・ベネディクトが『菊と刀』で言っている、恥の文化は劣っているとかの話ですか。

三浦　それは違うという気がしますね。

岸田　ベネディクトによると、神を信じていないと罪の意識はない、ということになっているでしょう。そんなことはない。

三浦　そうですね。

岸田　対人的に「ああ、悪いことをしちゃった」というときに、別に神さまはいらない。

三浦　おそらく逆でしょうね。対人的に悪いことをしちゃったという感情が神を要請することになっちゃう。

岸田　神への感情が対人的な罪悪感を打ち消すことはありますけど。

三浦　つまり、人に対してでなくて神に対して責めを感じるとか。

岸田　だから「神に許されている」ということで、現実に大量虐殺をして平気だってことにもなるんですよ。

三浦　テロがそうですね。

岸田　だから神っていうのはむしろ人間に対する罪悪感をごまかすというか、鎮めるというか、そのために使われるわけですよ。

三浦　つまり、恥の文化の方が罪の文化よりは圧倒的に良心的ですね。（笑）

岸田　ベネディクトの言う罪は神に対する罪のことで、人間に対する罪は含まれていないんです。十六世紀、十七世紀とヨーロッパ人がアメリカ大陸に移住しはじめた頃、先住民に助けられて辛うじて生きのびることができたということがよくあったのですが、彼らはそのことを先住民には感謝せず、神の恵みとして神に感謝した。だから、その後、先住民が邪魔になると、平気で殺すことができた。これが、神を中心とする罪の文化というものです。

三浦　道徳的に言えば逆だということ。

岸田　神との関係だけを問題にすれば、罪の文化の方が上ですが、上か下かを言ってもしょうがないですけどね。

一神教は悪く、自閉的共同体は害をなす

三浦　いや、でもね、上か下か問題はありますよ。歴史を見ても、現状を見ても、圧倒的に一神教、つまりユダヤ教、キリスト教、イスラム教とつづく宗教の残虐さは抜きん出ていますよ。単純なファナティシズム、一種の発狂状態とは違うじゃないですか。あれは一神教の残虐さですよ。信じられないほど傲慢ですよ。

岸田　キリスト教もイスラム教もそうですね。神にばかり心を奪われて人間は視野の外におかれるから、人間に対しては限りなく残忍になれるんです。

三浦　イスラム教は、ルターがプロテスタントを作る前の先駆形態と考えた方が分かりやすい。だって、神話体系から何からまったく同じじゃないですか。

岸田　それはそうですね。同じ一神教ですからね。

三浦　そうですよ。その残虐さについて彼らはぜんぜん反省する要素ないじゃないですか。

岸田　うーん……そうですね。反省する要素はないですねえ。人間が見えていないもんね。神しか見えていない。困ったものですね、本当に、一神教は。

三浦　小泉純一郎と同じくらい困っちゃうよ。（笑）だっていまの恥とか誇りのことで言えば、それこそ「俺、百人殺したから誇りに思ってる」というのに近いですよ、小泉さんがやっていることは。遺族の気持とかなんて冗談じゃない。遺族はその前に彼らが向こうでやったことを反省すべきです。自分の肉親に限って残虐行為はしていないというのは詭弁です。その共同体に自ら進んで属していたんだから。それは福知山線で事故が起こったときに、ゴルフやっていたとかと同じです。「俺はゴルフやっていたんだから、直接関係がない」というのと同じ。

岸田　「俺が助けに行っていたからって助かったわけじゃない」と言えば、そうですけどね。

三浦　そうそう、そういうことですよ。「俺一人があそこで反対していたら俺が殺されていた」とかってことでしょう。

岸田　そうですね。みんなが宴会しているときに「やめよう」なんて言ったら嫌われちゃうよね。

三浦　「お前だけ良い子ぶって」「お前だけ正義の味方ぶって」とかね。それが恥の文化の方が罪の文化に対して劣っているって言われる理由ですね。

岸田　確かにそういう面ではそうですね。やっぱり全体のその場の雰囲気を壊したくないってことね。そっちの方が優先されるということ。場が優先されるというのはベネディクトが言うわけだけど。それは確かにそうですね。罪の文化は、神が絶対的に優先されて、同じ神を信じていない人たちは無視され虐殺されるということになりますが、恥の文化は恥の文化で、同じ共同体の人たちとの親和関係が優先されて、共同体外の人たちはないがしろにされるということになりますね。

三浦　その場の優先というのは各省庁ぜんぶそうでしょう。穏便に、穏便にということだから。外部の視点からそれがどう見えるかは考えないってこと。

岸田　身内の恥をさらさないとかね。ぜんぶそうですね。一神教の害悪とは構造が違いますが、自閉的共同体の特徴的な弊害ですね。

三浦　予算のぶんどりにしても。

岸田　全体のことは考えてない。

三浦　小泉純一郎の靖国問題が象徴していますよ。日本という場を壊したくないから世界という場ではどう見られてもいいということでしょう。それが国益だなんてとんでもない。国の自尊心だなんてとんでもない。「ここでゴルフやめるわけにはいかないじゃないか」という論理ですよ。「これだけの事故を起こしたんだぞ」と言われたってさ、「それはそれ、こっちはこっちだよ」と話しているようなものですよ。

岸田　うーん、それはどうかな。

三浦　福知山線の事故の命日が毎年来て「終わってない！」って言う人がいるときに、「いや、一年経ったからもう水に流していいじゃない」と言うのは、遺族の側が言う場合だけ許されるのであって、ＪＲ西日本が言うべきことじゃない。

岸田　うーん。

三浦「俺の親父がお前の母親を殺したけども、時間が経ったからいいじゃない」というのは言ってはいけない。向こうが「時間が経ったから水に流しましょう」と言うのはいいけど。まして「罪を憎んで人を憎まず」は遺族が言う台詞で犯罪者が言う台詞じゃない。

なぜ被害者に全面的な権利があるのか

岸田　しかしたとえば、差別された被害者が全面的に権利があるかというとそうでもないと思うけどね。被差別者が主張したら絶対に正しくて、差別者は従うしかないのかという問題がある。

三浦　岸田さんの論理では、どうしてですか。

岸田　被差別者が全体の状況をぜんぶ知っているわけではないわけですし、被差別者だって人間で、自分に都合のいい見方、考え方をしていますから。

三浦　被差別者じゃなくて被害者の場合も同じですか。
岸田　同じです。裁判は裁判官が裁くのであって、加害者が憎たらしいからといって加害者の刑罰を決定する権利が被害者にあるわけじゃない。それでは、現代の裁判制度以前の復讐になってしまう。三浦さんの考えは、要するに、告訴されて被告になった加害者は、被害者を代表する検事の論告を全面的に受け容れるべきであって、言い訳をしたり、弁護士をつけて弁護してもらおうとしたりするのは、自分の犯した罪を反省していないからであって、心から罪を悔いていれば、言われたとおり黙って刑に服するはずだということですか。それでは、江戸時代にお白洲に引き出されてお奉行様のお裁きを受ける咎人みたいじゃないですか。現代の被告は弁護士をつける権利も、判決が承伏できなかったら控訴する権利もあるんですよ。
三浦　それを靖国問題に当てはめるとどうなりますか。
岸田　日本が中国の地でいっぱい悪事を犯したことは事実です。しかし、日本が一〇〇％悪いっていうわけでもないと思います。歴史的背景とかいろんな事情があるわけですからね、日本側にも。
三浦　それはすべてにかんして言えますよ。すべての殺人事件にかんして言える。「家庭が悪かった、学校が悪かった、あの人も気の毒だった」と、むしろその論理の方が多い。少年犯罪の場合はとくにそう。被害者のことよりもとにかく加害者が気の毒だと。殺されちゃった方は死んだんだからもういい、という発想できちゃったのが、いま揺り戻しがきているわけですね。しかも保護観察中の人間がまた犯罪を起こすとか、仮保釈したときにまたやるとかが増えている。

岸田　三浦さんの話を聞いていると、日本軍は中国人を虐殺するために中国に侵略し、日本兵は全員、虐殺犯だったみたいですね。その前提に立って、三浦さんは、虐殺犯にだっていろいろ事情があったのだと言い訳するのはよくないと言っているようですが、ぼくはそういう言い訳をしているのではありません。もちろん、日本兵が全員、正しかったということはないですが、全員、悪い奴だったわけでもない。日本軍の目的が全面的に間違っていたわけでもない。そう言っているのです。日本国内の犯罪にかんして言えば、加害者の立場を重んじすぎたっていうのは戦後の日本の司法制度の汚点ですけども、逆の立場もあるので、相対的に判断しなきゃならないと思うんですけどね。日中関係についても同じです。
三浦　それを被害者もしくは第三者が言う場合はいいんですよ。加害者自身が「やっぱり被害者にも悪いところがある、加害者にだって事情がある」と大声で言うのは被害者の感情を逆撫でする……と思う、一般的に言えば。それはどうですか。足踏んじゃった人が……
岸田　足を踏んだことが確実な場合に、踏んだ人が「痛くないだろ?」と言うのは許せないですが、踏んでないのに踏んだと誤解される場合もある。そういう場合も黙っているべきですか。そうでない場合にかんして言えば……。
三浦　ええ。「ぼくの方にはぼくの理由があるし、お宅の方もそこに足置いたんだからさ」というのは、踏まれた方が言うのはいいけど、踏んだ方が言うのはまずいと思う。というのは日本的な、いや日本じゃなくてもそうですすよ。

岸田　足を踏んだことに間違いない場合、日本的礼儀としては、足を踏んだ方が「すみません」と心から謝り、踏まれた方が「いや、たいしたことはありません」と答えて許すというかたちになるのがいちばんいいわけですが、現在の日中関係では嘆かわしいことにそうなっていないわけです。問題がこじれているのは、足を踏んだ日本が知らんぷりしてふんぞり返る無神経で傲岸不遜な輩だからなのか、それとも、足を踏まれた中国がこれをチャンスに日本の弱味につけ込んで被害を誇張し、過大な賠償金をふんだくろうとする卑劣な欲張りだからなのか、あるいはまた、日本も無神経だが中国も卑劣で、どっちもどっちだからなのか、ということを慎重に検討すべきであって、頭から一方的に日本が悪いとか中国が悪いとか決めつけるのはよくないと思います。日本的伝統としては、踏んだ方がまず謝るべきですが……。

参拝中止が卑屈か、参拝続行が卑屈か

三浦　その日本的伝統では考えられないことを、わざわざ国際的な局面でこれ見よがしにやるというのはまったくナンセンスというか、外交センスがゼロですよ。

岸田　しかしね、もしかりに中国が一〇〇%被害者だとしても、被害者に無限の全権があるかということですよ。

三浦　被害者にかんして言うと、全権があるかとかなんとかじゃないですよ。被害者と地つづきだったらもうそれは論外。どっちも引越しできない隣り合わせに被害者が住んでいて、感情を害させたままでは何かと暮らしに不便だというときに、加害者の旦那が被害者に全権があるかとか何とか言っていたら女房子供は暮らしていけないですよ。共同幻想として成立しちゃっている場合、何か言うことは逆効果です。たとえば第三者的な観点にたって、十九世紀から二十世紀にかけての世界の状況を考えた場合、圧倒的な白人中心主義のなかに唯一有色人種の代表選手として日本が登場したことの意味は凄いと思います。世界の有色人種のつっかえ棒としての意味は計り知れなく大きかったと思います。のみならず、その日本を最終的に勝ち目のない戦争に踏み出させたのがアメリカの姦計だったわけですから、同情の余地は大いにある。悪いのはアメリカであって日本ではない。アメリカは日本を苛めて誘き出し、この際だから徹底して弄ってやろうと言って原爆まで落としたわけです。アメリカは卑劣で最低だと思いますよ。だけど、日本はその最低のアメリカに尻尾を振っているわけだから、もっとみっともないですよ。自尊心がないというか、ひどいという感じがします。だいたい、アメリカになりヨーロッパになり毅然とした態度をとっていくべきであって、「靖国に行くのがなんで悪いんだよ」と中国に対して開き直るというのは最低じゃないですか。ふつうの人間なら。

岸田　戦後の日本がアメリカに対して不必要に卑屈すぎるのは一種の恐怖症のせいではないかと考えていますが、中国に対しても卑屈になることはないと思います。

三浦　靖国に行かないことがどうして卑屈なんですか。官僚病の元締めを参拝する方が卑屈ですよ。だいたい、白人世界に向かって最初に気を吐いた黄色人という立派な理由があるんだから、少しはアジアの人々も感謝してくれたっていいじゃないかと喉もとまで出ても、言わないのが日本の礼儀です。それを第三者が言ってくれるまで待つのが礼儀であって、自分から言うことじゃない。中国の側が「結果的に刺激になったし、あのままでは完全に白人にやられていただろう」とか言うことはあるかもしれない。

岸田　そうですね。日本が日露戦争に負けていたら、満州はロシア領になっていたかもしれないし。

三浦　それは向こうがそう言ってくれるのを待つべきで、こっち側から言うべきことじゃない。それこそ外交手腕が発揮されなければならないところです。

暴支膺懲の論理を繰り返す

岸田　うん、それはそうですがねえ。しかし、そのような日本的礼儀は国際関係で、とくに中国に対して通用しますかねえ。日本側の言い分としては、暴支膺懲《ぼうしようちょう》なんてこともありましたからね。日本の主観としては、日本はアジア解放のために、これまでアジアの民に塗炭の苦しみを味わわせてきた欧米諸国を相手にして必死に戦っているんだ、と。それなのに、あろうことか蒋介石はアジアの民の最大の敵である米英の傀儡となり、日本の正義の戦いの邪魔立てをする。アジアの大義のために、まず蒋介石をやっつけなければならない、と見ていたわけですよ。そういう考え方にも一面の真理はあった。しかし、現実には日本軍は、欧米の植民地主義者に劣らず、アジア人を酷使し、アジアの資源を搾取してアジア解放の大義に叛くことをいっぱいしていたし、何よりもいけなかったことは、己惚れて舞いあがり、「日本がアジアの盟主になったのだから、中国は日本の下につけ」なんて言って威張ったことです。中国がカチンときた。

三浦　それは基本的に反日デモがそう。中国には中華思想があるわけだから。

岸田　しかしそこが日本の無神経で勝手なところだったんだけど、日本の陣営に加わって一緒に戦えば、アジア解放は成功間違いなしなのに、そうしない中国はアジアの裏切り者だ、という見方をしていたわけです。その見方が全面的に間違っていたとは思いませんが……。

三浦　本家の方は「本家の前で何を言っているんだ」と。

岸田　というのがありましたね。松岡洋右がそういうことを言っていたね。中国はアジア一家の兄貴で日本は弟だ。その兄貴がだらしなくて敵の一家に媚びを売ってアジア一家を堕落させている、そこで弟が立ち上がって兄貴を殴りつけたのが支那事変だ、というそんな言い方を松岡はしていた。

三浦　意識としてはそういう意識はありえますね。だけど、その意識で靖国参拝が許せますか。

岸田　それはまた問題が別ですけどね。

三浦　むしろこの先が問題。山崎正和さんが言っているんだけど、中国の経済成長は長つづきしない、と。

岸田　うん。どうして？

三浦　資源がない。水がない。これは決定的だと。いまの人口問題を抱えたままで、しかもかなり早い段階で老齢化社会になる。少子化政策をとっている以上は必然です。それが日本に輪をかけたかたちで早く到来するだろうと。おそらく二十年先とか、三十年先とか。
岸田　そんなに早く？
三浦　そうするとまた、それこそ松岡洋右じゃないけど、駄目な兄貴がよたよたしはじめて……つまり日本に来るわけですよ、たいへんだよっていうのが。食料もない、何もないということになっちゃう。その方がはるかに問題じゃないか、と。
岸田　山崎さんがそんなこと言っているんですか。
三浦　ええ。説得力があるんです。もちろん、資源問題その他にかんして、ぼくはよく分かりません。資源にしても現実的に言えば変化します。つまり……
岸田　何が資源かということですか。
三浦　ええ。産業革命初期には石炭が主要資源だったからイギリスは非常に資源が豊かだったってことがあったけれど、いまはもうそんなことはない。石油に移っちゃって。というように、そのつど、資源の価値が科学技術の展開で移動しますから、何とも言えないという気もします。ただ、いまの経済成長がつづかないことは確かですね。それから中国の共同幻想、つまり共産主義がつづくかどうか分からない。この不安定要因を考えた場合によほど深慮遠謀しなくちゃいけない。
岸田　いや、そうですね。危ないですね。
三浦　それを考えたら、子供時代の理想か知らないけれど、小泉純一郎が自分の顔を立てるために靖国問題なんかで問題を起してしまうなんて許しがたいですよ。そんなことをしている場合じゃない。小泉純一郎はJR西日本の経営者そっくりだと思う。反日デモにしても、共産主義の段階ならまだ御しやすい。あれがもし中華合衆国とか何かになった場合には、もっと激しくなる。なんで岸田さん、そんな顔を。(笑)

岸田　靖国問題とかね、ぼくはやっぱりそういうふうに考えてなかったからね。

靖国は自閉的共同体の象徴?

三浦　さっき責任の話が出たでしょう。責任を追及していくと最後は雲散霧消するんですよ。「なぜこんなことしたのか」という場合、心神耗弱状態と言えば精神科医のとこに行きなさいってことになる。その次にはやっぱり家庭問題。

岸田　変な親に育てられるとかされて。

三浦　あるいは学校問題。すると本人の責任は無限に分解していくわけですよ。

岸田　責任転嫁が許されるなら、本人の責任がゼロになるのは当然ですよ。責任転嫁そのものが間違っているんであって、悪い親に育てられたからといってみんなが悪くなるわけじゃないし……

三浦　それはそうですよ。すると、旧陸軍が管轄していた靖国神社問題にしても同じことになりませんか。あそこは大東亜戦争の責任者、それこそ『官僚病の起源』の当事者たちが祀られているところですよ。岸田さんの理論で言えば国家のレベルも個人のレベルも同じですよね?

岸田　そうですね。

三浦　言い逃れの構造はいつでもあるわけですよね。
岸田　しかし、靖国の参拝をやめたら解決するのかな？
三浦　解決するよりも何よりも、おかしいですよ、靖国に行くことじたいが。『官僚病の起源』に描かれた無能な陸軍幹部を礼賛するようなものですよ。靖国はたとえばＪＲ西日本の事故で亡くなった乗客を祀っているんじゃなくて、経営者を祀っているわけですよ。首相が慰霊すべきは、亡くなった乗客の方であって、ＪＲ民営化にあたっていかに政府が無能だったか陳謝すべきでしょう。中国に対してお詫びの仕方がなっていない。心がこもっていない。だから日本に来て荒稼ぎする中国人が多いんだと思いますよ。
岸田　それは関係があると思いますが、だからといって犯人の中国人の罪が軽くなるわけでもない。
三浦　日本人に対しては何をしてもいいんだと思っているんですよ。それを、やっぱり日本でそんなことをしては悪いと思わせるところまで持っていくのが政治家の責任です。石原慎太郎なんてもっとひどいからね。北京オリンピックをボイコットせよとか。文春がまた悪ふざけするからさ。アウシュヴィッツもないし、南京大虐殺もないという論理。なんというか、朝日は真面目に悪いことをするし、文春はふざけて悪いことをする。（笑）
岸田　仲は悪いけど。（笑）
三浦　似ている。（笑）首相の小泉純一郎の次は東京都知事の石原慎太郎だよ。これじゃ、大東亜戦争くらいまたやるんじゃないかと誰でも思うよ。誠意もへったくれもないというか、無神経ですよ、小泉純一郎は。バイロイトに行くなんて、ワーグナーが好きならヒトラーも好きなんじゃないかと誰でも思う。（笑）本当に困ったものです。そうでもないですか。

岸田　いやいや、靖国にかんしては、そうは考えていません。（笑）靖国には極悪非道な戦争犯罪者だけが祀られているわけではない。それに、戦争犯罪者だからと言って、祀ってはいけない、慰霊していけないということはない。靖国神社のあの威風堂々とした大きな鳥居はあまり趣味には合いませんが。

第2章　日中問題の深層

靖国問題と岸田理論

三浦　岸田さんが小泉首相の靖国参拝に賛成するのに対して、ぼくは反対を称えているわけですが、ぼくが反対する理由は、岸田理論からいって、岸田さんが靖国参拝するのに賛成するのは矛盾しているのではないかということにつきます。ぼくは、対談や座談会やインタヴューで、編集者という立場もあって、積極的に自分自身の主義主張を展開するということはほとんどない。自分自身の思想なんて言ったことがない。聞いてくれる人もいなかったけど。（笑）ぼくは文芸批評もしている、というか、それが本業だと思っているわけですが、批評家というのもじつは編集者と同じようなものなんですね。対象をどれだけよく理解するかということにすべてがかかっている。本人よりもその本人のことがよく分かってしまうというのが、不可能には違いないにしても、いちばん理想的なことだと思っています。もちろんそのうえで自身の論理を活字で展開するわけですが、しかし読む書くということと聞く話すということには決定的な違いがあります。実際、対談でも座談会でも、相手の主張を理解する方がおもしろいし、理解しやすくするための補助線を引くような発言をついしてしまいます。そういうふうに心がける場合もあるし、自然にそういうふうになる場合もある。ですから、靖国問題にかんして、岸田さんとぼくがはっきり対立しているように見えるのは、岸田さん自身の内的葛藤がそのまま表現されているんだということだと思います。(笑) ぼくも、岸田さんと同じように岸田理論の立場に立っているつもりなんです。そういうことですから、対立がはっきりすればするほど、岸田さんの、精神分析の立場に立った思想、つまり岸田理論がどういうものなのか、とてもよく分かってくるということになると思います。インタヴューをつづけて、さらに議論を展開したいと思ったのも、そういう理由からです。

岸田　はい。よく分かりました。(笑)

三浦　ですから、このインタヴューでは、第一章で問題にされたことを、螺旋を描くようにさらに深く掘り下げてゆくということになると思います。とりあえず、二つの焦点があります。ひとつは、政治的問題としての靖国問題を精神分析的に理解するとどういうことになるのかということ。もうひとつは、そうすることで、フロイトの精神分析の延長上に成立した岸田さんの理論がどういうものであるのかがいっそう明らかになってくるはずだということです。

　これがとても重要に思えるのは、ついこのまえまでは、経済決定論ですべてを説明するというのが当たり前だったからです。マルクス主義の言葉でいういわゆる状況分析、現状分析ですね。革命までの日程表を描いて、そのどのあたりにいまいるのかを測定するというのが当たり前だった。これがいかに根強い思想としてあったかというのは、それこそ戦前の大東亜共栄圏構想そのものが、そういうマルクス主義の理論を前提にしたものだったことからも明らかです。

岸田　そうなんですか。
三浦　そうなんですよ。（笑）大東亜共栄圏、大東亜戦争というのは、大東アジア共栄圏、大東アジア戦争というふうに言いかえればはっきりしますが、まったくのひとりよがりにすぎないにしても、それでも思想としては、要するに大東アジア革命なんですね。
岸田　ははあ。
三浦　これはたとえば近衛文麿の敗戦直前の上奏文を見ればよく分かりますが、大東亜共栄圏を標榜して戦争を拡大したのは隠れマルクス主義者だったというような言い方をしているわけですよ。
岸田　そういえば、そうですね。

マルクス主義から精神分析へ

三浦　近衛文麿は上奏文のなかで、日本を破局的な戦争に引きずり込んだのは軍部のなかの革新運動の一味であり、彼らは日本の国体と共産主義が両立すると信じているようなものだと言っています。つまり軍部内に天皇制共産主義を標榜する連中がいて、それが諸悪の根源だったのだというわけです。だから早く戦争を終結させなければたいへんだ、と。右翼も左翼も似たようなものだというのは、ヒトラーもスターリンも似たようなものだったということからも明らかだということになるでしょうが、それはともかく、近衛文麿はそういう見方をしていて、そしてそれは決して間違いではなかった。戦後の農地解放、財閥解体といった占領軍の政策がスムーズに進行したのも、戦前戦中の全体主義的と言われる政策が、じつはそのまま進歩的、左翼的と言われうる政策だったからです。つまり日中戦争下の日本にはニューディール政策下のアメリカ、もっとも左翼的だった頃のアメリカに似ているところがいっぱいあった。どっちも本当に左翼的だったわけです。スターリン、東条英機、ルーズベルトと並べると、ルーズベルトがいちばん左翼的で、スターリンがいちばん右翼的だったんじゃないか。

岸田　うん、なるほどね。

三浦　いずれにせよ、そんなことが言えるほど、歴史の見方というのは、あえて言えば全世界的に、つい最近まで、とてもマルクス主義的だったわけです。産業革命、植民地問題、帝国主義、侵略戦争、資源問題から労働力問題にいたるまで、用語そのものがマルクス主義的であって、その背後にあるのは経済決定論です。経済には固有の発展段階があって云々という考え方で、指導者も大衆も、政府も民間もすべてそれに乗っかっていた。完全な自由主義経済を称える連中もいたけど、そしていわゆる専門家はそういう連中をこそ評価していたけれど、それが主流にならなかったのは、自由というのはつねに不安を感じさせるからです。マルクス主義というのは、ひとつの決定論として、右翼にとっても左翼にとっても中道にとっても、思想の護送船団として機能していたわけです。つまり、マルクス主義という風呂敷のなかに、右翼と左翼の対立抗争もすっぽり入ってしまっていた。マルクス主義が座標軸だったわけです。

岸田　たしかに、そういうところはあったでしょうね。

三浦　ところが、ここ十数年、まったくそうでないということになってきた。ソ連が崩壊して、いわゆる共産圏というものが消滅してしまってからはそれがはっきりしてきた。たとえばフランシス・フクヤマの『歴史の終わり』という本が、一時、話題になりましたが、あれは、世界はいまや、経済決定論、現状分析といった考え方では立ち行かなくなったという認識のひとつの現われだったと思います。アメリカ万歳、資本主義万歳みたいな思想として受け取られたけれど、むしろ、マルクス主義に代わる思想、視点、立場というものがなくなってしまったことへの不安の現われだったと考えた方がいいと思います。アメリカというか、西欧世界の錦の御旗というのは、じつは反共、つまり反マルクス主義だった。それがアメリカをはじめとする西欧世界の存在根拠だった。いまやその錦の御旗がなくなってしまったということです。

反共ではやっていけなくなっただけではない。それは経済決定論ではもうどうにもしようがなくなってきたということです。そこで、たとえばそのフランシス・フクヤマにしても、コジェーヴのヘーゲル理解の延長上で、誇りであるとか、他者に認められることの重要性とか、そういったたぐいのことを言いだしたわけですが、それこそほんらい精神分析の問題だったわけです。つまり、いまなお、誰もそうは思っていないみたいだけれど、世界の主題がマルクス主義から精神分析に移ってきたわけです。

岸田　それはいいことですね。(笑)

精神分析は社会理論である

三浦　誰もそう言っていないことが、本当に不思議ですよ。精神分析を奉ずる人たちが遠慮がちなのか、あるいは内部抗争、セクト主義に陥って、そちらの方にだけ関心が向いているのか。

岸田　いや、そうじゃないでしょうね。精神分析は、神経症の治療とか、そういう個人の臨床のためのものであって、フロイトの歴史や文化をめぐる考察は重要な問題ではないと考えているからでしょう。フロイトが晩年になって展開した人間社会をめぐる理論は、ほんらいの精神分析から逸脱したものである、趣味や遊びのようなものであると考えているわけです。フロイトは晩年になって横道にそれて、歴史とか宗教とかの問題にかまけてしまったのであって、精神分析のほんらいは臨床にある、個人の治療にあると、精神分析家たちは考えているのだと思います。つまり、ぼくに言わせれば精神分析を矮小化してしまっているのです。

三浦　そうですね。まったく矮小化だと思う。もしも精神分析に価値があるとすれば、むしろ後期のフロイトの思想、いわゆるメタサイコロジーを書いて以後の仕事の方が圧倒的に有意義だと思いますね。

岸田　いや、後期の思想とされているけれど、それはけっして後期の思想ではないとぼくは思っています。フロイトの思想ははじめから、社会構造、社会心理の方に根差しているんだ、そっちの方が先なんだと、ぼくは思っている。もちろんフロイトは個々の患者を診たわけですけど、そっちの方こそ、フロイトにとっては横道だったんだ。いわば、個々の患者を診るというのは生計を立てるためにしようがなくてしたことなんだ、あるいは少なくとも、ほんらいの関心事である社会現象を理解するために役立つから個々の人間も研究したんだ、とぼくは思っています。ところが、弟子たちはやはり精神分析家としての治療技術を習得するためにフロイトのもとに来たわけですから、結果的に、個人の神経症の治療とかそういう面が重視され、一見、それがあたかも中心であるかのように見られるようになってしまった。それが精神分析の本流であるように見られるようになってしまったけれども、それは、フロイトとしては不本意だったのではないかと思います。

精神分析理論がかなり世間に認められるようになり、フロイトがある程度の地位を獲得して、生活が落ち着いて安定したときに、ほんらい目指していたものを全面的に表に出してきたのだと思う。老人になって暇になったから、出てきたのではなくて、逆に、それこそもともと考えたかったことなんだと思っていますけれど。

三浦　ぼくもそう思いますが、不思議なのは、誰も岸田さんがおっしゃるようには思っていないみたいなんですね。（笑）とくに、アメリカの場合は、アンナ・フロイト以後のいわゆる自我心理学、『自我と防衛』の延長上の考え方で、精神分析はいかにうまく個人を社会に適合させるかという理論であるというようになってしまっている。

岸田　そうなんですね。それはぼくも『日本がアメリカを赦す日』で指摘していますが、アメリカの歴史、アメリカの社会がどう狂っているかは、精神分析の観点から見れば、驚くほど明快に説明がつくのに、アメリカでは精神分析が大流行で精神分析家はゴマンといるのにもかかわらず、不思議なことに、精神分析の観点からアメリカを考察した者は一人もいないのです。

三浦　フロイトにしてみれば、自分の理論が矮小化されていると思うんじゃないでしょうか。

岸田　そうだと思いますよ。フロイトの弟子たちにしても、たとえばウィルヘルム・ライヒとか、エーリッヒ・フロムとかね、マルクス主義的な関心をもって、精神分析を社会的問題に応用しようとした人たちなんかでもそうですね。個人の神経症は社会のなかにそれを生み出す原因があるんだから、まず第一に社会を改革しなければならないという思想ですね。いわゆるフロイト左派。たとえばフロムには『正気の社会』という本があるけれど、社会には正気の社会と狂気の社会があって、ナチズムというのは狂った社会の典型的な例で、そういう狂った社会を精神分析を用いて正気に戻さなければならないというような考え方ですね。そういう社会的な主題に関心を移した精神分析が登場するんだけれど、そして、それはそれでいいんだけれど、ライヒにしても、フロムにしても、その思想は非常に底が浅い。フロイトをちょっともってきて、マルクスにくっつけたというような感じのものです。むしろ、マルクス主義的な考え方にフロイトを合わせるという感じのものですね。フロイト理論そのものは個人心理学にすぎないという前提を疑っていない。フロイト理論のそういう欠落をマルクスで補ってやろうというわけです。だけど、ぼくは、フロイトほんらいに、マルクスなんかとは無関係に、歴史的、社会的な観点があるんだと考えているわけです。べつにマルクスに助けてもらう必要なんかないんだと思っている。ところが、当時はマルクス主義が全盛だったから、社会的な方面に精神分析を適用させるためにはマルクスの理論を使わなければならないと思ったのでしょうね。それでかえって精神分析ほんらいの社会理論は歪められたんじゃないかと、ぼくは思っています。

三浦　精神分析ほんらいの衝撃力、爆発力が、何かしら左翼知識人の良心的思想のようなものに薄められてしまったという感じがします。

岸田　そうですね。

三浦　マルクーゼにいたるまでそうですね。フロイト左派というのは、じつは精神分析もマルクス主義的なんだよといって、一九六〇年代のいわゆるスチューデント・パワーに迎合しただけのようにも見えますね。でもそれは、二十一世紀になったいま現在の国際的な状況を見ているととんでもない話です。マルクスの考え方の方が狭いというか、時代に制約されていた、産業資本主義のイデオロギーにすぎなかったとさえ言っていいでしょう。フロイトの視野の方がはるかに広いという感じがしますね。

岸田　そうですよ。

岸田理論の立脚点

三浦　ちょうど岸田さんがフランスに留学されていた頃に、ジャック・ラカンが出てきた背景がそれですね。フロイトへ帰れと主張したのはそういうことだったと思います。ラカンが注目したのはマルクスではなくヘーゲルだった。あるいはハイデガーであり、ソシュールだった。それで、結局、ラカンは人間存在論の方へ行く。少なくとも直接的には社会的な問題にかかわってゆくものにはならなかった。ラカンの理論に社会理論への可能性を見たのがアルチュセールであり、さらにその後にジジェクなんかがつづくわけですが、それはともかく、岸田理論というのは、精神分析というのはもともと人間社会論なんだという観点に立っているわけです。

岸田　そう思っています。ただ、ぼくが不勉強だからかもしれませんが、フロイトに帰るためにべつにヘーゲルやハイデガーやソシュールに頼る必要はないと思うのですが。

三浦　ラカンは結果的にフロイトの理論を拡大深化したということになると思います。それは岸田さんも同じですよ。いまや、そういう岸田さんの観点に立ってみなければ解決の糸口が見つからないような問題が次から次へと湧き出てきています。イスラム原理主義の自爆テロの問題にしても、中国や韓国の反日デモの問題にしても、そうです。あるいはつい最近の道路公団の談合事件、あれこそまさに『官僚病の起源』で論じられた自閉的共同体そのものですが、そういう問題の背後にあるのは経済決定論で解決できるようなものではない。同じ経済であるにしても、フロイトの言う心理の経済、心的エネルギーの経済の問題にほかならないように思えるわけです。

そういう視点に立つと、精神分析の延長上に構想された岸田理論の重要性というか、その貴重性がはっきりと見えてくると思います。岸田さんは、歴史の原動力というのは、経済であるよりも情動というか感情なんだと考えるわけです。

岸田　感情と言えば、またいろいろ誤解されるかもしれない。自我の問題ですね。個人における自我に相当するもの、集団的自我というか、そういうものが集団を動かしているのですね。集団としてのアイデンティティというか、プライドというか、そういうことを維持することが、国とか民族とか社会の大きな態度決定を左右すると考えるわけです。それにはもちろん情緒とか感情とかがともなってくるわけです。決して、国際関係は経済で動いているわけではない。むしろ逆に、経済的理由の方こそ、人々が経済的理由なら納得するので、あとからとってつけた口実であると思います。たとえばアメリカのイラク侵略は石油のためだなんて言っていますが、本当はそんなレベルの問題ではない。その侵略にアメリカという国家のアイデンティティがかかっているんだという、そういうことなんです。大東亜共栄圏というものにしても、経済的利益とかそういうことが第一目的ではなくて、大日本帝国という明治以降の日本国家の国体、個人でいえば自我に相当するものが脅かされて、それを守るために構想されたのだと思います。

三浦　そういう見方の方が、いま現在の国際関係を動かしているものを考える場合に有効なんじゃないかと思えてくる。

岸田　ぼくは以前からそう思っているわけです。

三浦　だけど、かなりの人が、岸田理論はホラ話だと思っているわけですよ。（笑）

岸田　そうなんですよ。ぼくの話を聞いて、ふざけているんでしょう、とか、なかなかおもしろい作り話ですね、とか、そういう言い方をする人もいるんですよ。ぼくは真面目に考えているんですが、なかなか分かってくれないんですね。

三浦　それは岸田さん自身にも多少は責任があって、もちろんよくお考えになってのことだとは思うけれど、ご自身の考え方を史的唯幻論と称したために、マルクスの史的唯物論をパロディにしたというか、たんにからかっているだけではないかと思われた、そういう面もあると思いますね。（笑）

集団心理の仕組みと個人心理の仕組みは違わない

三浦　なかなか分かってもらえない最大の理由が、おそらく、第一章でもちょっと話題になりましたが、国家の問題を、個人の自我の問題と同じように語っていいのだろうか、という疑問だと思います。岸田さんの話を聞いていると、アメリカとか日本とか中国とかが、みんな自我を持つ人格、心理的な葛藤をする人格のように語られているけれど、そんなことってあるのだろうか、ということですね。

岸田　そうです。集団心理を個人心理のように説明することが批判される。精神分析は個人の患者を治療する技術であり個人心理の研究だと思われているからなんですね。個人心理の研究を基礎にしてつくられた分析理論を、根拠なく集団に転用している、というような批判もされるわけです。それに対するぼくの反論は、繰り返しますが、個人心理を集団心理に転用したんじゃなくて、個人の人格構造の形成のメカニズムと集団の社会構造の形成のメカニズムは、同型なんだということなんです。だから、個人にあてはめたものを転用したんじゃなくて、個人と集団とは同じ構造を持っているんだ、なぜなら、どちらも人為的につくられたものだからということなんです。個人の人格構造が本能的なものじゃないように、集団の社会構造も本能的なものではない。たとえばハチの社会は本能的につくられているわけだけど、人間の社会はそうではない。個人も社会もそのつくられ方は基本的に同じなんだ、同じものだから同じように説明できるんだと、ぼくは言っているわけなんです。

三浦　逆にいえば、個人もひとつの社会である。たとえば岸田秀というのも本当は岸田秀という社会なんだということですね。

岸田　そうなんですよ。ぼくに対するそういう批判は、偏見や先入観が強くて、個人というものが、社会とは関係なく個人としてあるという誤った前提に立っています。この前提は、個人を最初にして最高の存在とする近代個人主義の神話から来ているのではないか。

三浦　社会は個人というアトムの総和として成立しているという考え方。

岸田　それはもう根本的に間違っていると思うんですけどね。

三浦　そのことをもっと強調された方がいいと思います。自分は首尾一貫していつまでも変わらないという実感がありますが、それは違うということですね。それはたとえば「新しいあなたを発見できます」というようなキャッチ・フレーズがあることからも分かります。潜在的には自分が一つのものだとは誰も思っていない。自分の中にいろいろなものがいっぱいあると思っている。そのことは、泥酔したために思いもよらなかった自分の醜悪な面を見たとか、逆上して我を忘れたとか、そういうことが日常的にあることからも簡単に想像できます。それはひとりの人間が変容したとも言えるけれども、そうじゃなくて、ひとりの人間はさまざまな人間の束としてあると考えた方が分かりやすい。だからこそ葛藤がある。葛藤とは、AとBの両方があなたの中にあって、それが争っているということでしょう。

岸田　そうですね。

三浦　それはつまり、自己がひとつの社会としてあるということです。それを反転させると、社会もひとつの自己としてあるということになります。実際、これは岩井克人さんの法人論とも重なる議論ですが、国家なら国家をひとつの人格として、会社なら会社をひとつの人格として扱っているからこそ、国際連合であれ何であれ成立しているわけです。

もっとも、フロイト自身がそのことを明言しなかったと考えることもできます。たとえばフロイト自身に『集団心理学と自我の分析』という論文がありますが、表題が示すようにここではふたつを別々に扱っているように見えます。集団心理というよりは群集心理を扱ったいくつかの論文を批評しながら、フロイト自身は教会と軍隊という対極的な例をふたつ挙げて論じている。仔細に読み込めば、むろん集団心理と個人心理の対応関係を見出すことはできますが、前面に打ち出しているわけではない。岸田さんは、その対応関係をフロイトのなかに具体的にはどういうふうに見出したわけですか。

岸田　フロイトは初期の論文から一貫して個人の自我を社会の構造と対応させて考えています。たとえば『精神分析入門』のなかでも、個人の自我とか抑圧とかを集団現象で説明しています。抑圧されたものが無意識へ押しやられ、それがやがて夢や症状などの歪んだかたちで出てくるというのは、たとえば反政府的な意見が弾圧され、それが、間接的な当てこすりや、もってまわった譬えや、時代をずらして、一見、まるで関係のない話のような歪んだかたちで出てくるのと同じようなことである、とか。抑圧されたものが、そのままのかたちではなくて、歪んだかたちで出てくるという仕組みが同じだということですね。もっと端的には、たとえば皇帝と政府と民衆というのが、超自我と自我とエスに対応するというようなことを言っている。フロイトは、集団心理と個人心理を、はじめから同列に置いていますよ。

三浦　実際、検閲にしても抑圧にしても、用語から言っても、個人の心理のモデルを社会に取っていることは明らかですね。しかし、それを岸田さんのように、あからさまに打ち出して言う人はいなかった。

岸田　たんなる比喩だと思っているんですね。ぼくの理論のことにしても、比喩としてはよく分かるという人もいるんだけど、それは何も分かっていないということです。

三浦　比喩ということについても議論があると思います。フロイト自身にも、それは比喩にすぎないと言われる要素はたくさんあったわけですからね。だけど、フロイトにしてみれば、極端にいえば、実体と思われているものはぜんぶ、比喩じゃないかと言いたいところでしょうね。

岸田　そうですよ。そもそも人間は世界を比喩的に理解しているんですよ。比喩にすぎないと言うのなら、世界の説明はすべて比喩にすぎないのです。

自分は首尾一貫しているという幻想

岸田　それにしても、これはなかなか理解されないというか。『一神教vs多神教』は、「毎日新聞」に藤森照信さん、「週刊文春」に米原万里さんの書評が載って、好意的に評価してくれたんですが、両方とも同じように、個人心理を根拠なく集団心理に応用しているという点に文句をつけてこだわっているんですね。最近、小谷野敦さんが出した本にも同じようなことが書いてありました。何度説明しても、分かってもらえないので、ついにぼくは頭にきて、「何度、分数というものを説明しても分かってくれない生徒に、またまた分数を教えなければならない小学校の算数の教師のような心境だ」という傲慢な発言をしてしまったのですが、ぼくとしては、彼らがなぜ、こんな単純明快なことが分からないのかなあと思って不思議なんですけどね。

三浦　社会が個人としてある、個人が社会としてあるというのは、潜在的にはみんなそう思っているのに、なぜそう思いたがらないのかということですか。

岸田　なんで思いたがらないんでしょうか。

三浦　岸田理論で言えば、思いたくないからだということになるでしょう。(笑)

岸田　思いたくないんでしょうけど、なぜでしょうか。

三浦　自分というものは首尾一貫していると思いたいからだということになりますね。

岸田　そう思いたいっていうことですね。

三浦　その首尾一貫している自分というものは、もちろん、潜在的には理想的な自分であるわけですね。
岸田　そこからくるのかなあ。
三浦　岸田理論でいえばそうなります。
岸田　そうですね。
三浦　岸田理論でいえば、さらに、人格そのものが、じつは不断の抑圧の結果なんだということも出てくるわけです。
岸田　抑圧というか、いろいろなものを排除して成り立っているわけです。
三浦　つまり、岸田さん自身の場合でさえも、じつは隣の女の子のことを触りたいとか、これをちょっと食べたいとか、そういう微細な欲望の集積をすべて抑えて、いやそうじゃないんだ、自分はこうなんだ、というようにして自分を保っている。
岸田　保っていますね。
三浦　保っているところで見てほしいと思っているわけですね。
岸田　ええ。
三浦　集団心理と個人心理を重ねて分析してみせると、そこがあらわになるからじゃないでしょうか。さらに言えば、人格のみならず、マルクスの思想とかフロイトの思想とか言う場合のその思想もまた抑圧の結果としてあるということになる。

岸田　うーん、そうですね。
三浦　極端に言えばそうですよ。それが歴然としてくるのは人格崩壊においてでしょう。
岸田　そうですね。人格というのは崩壊するものですからね。
三浦　人格崩壊がないのが動物だということですか。
岸田　人格はつくりものだから崩壊するけど、動物は人格なんかつくらないから崩壊することはないですからね。
三浦　衰弱するとかは動物の場合ももちろんある。だけども、猫格とか犬格が崩壊することはない。人格だけが崩壊する。それはなぜかといえば、もともと人格というのは社会的なかたちをしている、社会のかたちをしているからなんだ。そういう考え方ですね。
岸田　ええ。社会的なつくりものだということです。社会のなか、人間関係のなかで、そういうふうにつくったんですから。
三浦　子供にとっては母親そのものが関係性、社会性としてある。
岸田　そうですね。
三浦　たとえばまず母親を自分であると思いこむ。思いこむことによって自分をひとつのまとまりとして把握し、その後に母親から離れていく。つまり他人になってから自分になる。その段階ですでに人間は社会的な関係性として生成していくんだということ。
岸田　そうです。そのとおりです。

三浦　そういう考え方に立った場合に、なぜ靖国神社に参拝するのがいいってことになるのか分からない。（笑）

岸田　なるほど。（笑）

日中関係の歴史が逆転した近代

岸田　ぼくは靖国神社に参拝するのが良いというよりは、中国に注文をつけられたいまの段階で参拝を中止するのは良くないという考え方なんです。

なぜ、そう考えるのか。この問題には歴史的な背景があると思っているからです。アジアにおける日中関係の長い歴史がまずあって、近代になってそこにイギリスやアメリカがからんでくる。そういう歴史の延長上に現在の日中関係もあるわけですね。

かつて中華思想というのがあって、中国がアジアの中心だったわけですね。日本は属国ではないけれども、東夷、つまり周縁の蛮人だったわけです。最初に日本は、中国をモデルにして国家をつくった。モデルにしてつくったんだけれども、現実にできた日本というのは実質的には似ても似つかない別の国になったわけです。歴史的に言って、そこに日本の中国に対する葛藤があるわけですね。モデルだったわけだから、中国を崇拝する感情もあるし、尊敬する感情もある。ところが、そこに自分の起源があるわけだから、崇拝し尊敬するだけでは日本という国の独自性というかアイデンティティが持てないわけで、反発もあったわけです。中国に対して、まず崇拝と反発という葛藤があったということが日中関係の歴史の基本ですね。そして近代にいたるまでは、いちおう儒教ということもあるし、中国を崇拝する方が強かった。日本書紀の編修とか、モンゴル軍への反撃とか、本居宣長の国学とか、反発の系列もいろいろありましたけどね。

ところが近代になって、アメリカからペリーがやって来て開国を迫られる。日本は、世界情勢を知るにいたって開国に踏み切り、そこでモデルを欧米に切り替えたわけです。そして、欧米に打ち克とうとした。そのために、今度は日本が中国になりかわり、東亜の盟主になろうとしたということなんですね。

それまでの長いあいだ、日本は中国が東亜の盟主だと思っていたわけですよ。ところが、モデルを欧米に切り替えたことによって、日本はいまや中国を東亜の盟主の地位から引きずり落として、自分が東亜の盟主になろうとしたわけです。大東亜共栄圏というのは、いわば日本を中心とした中華思想ですね。とはいえ、建前としてはやはり大義というのが必要になってくるわけです。大義の観念というのはアメリカから借用したのかもしれないですけれど、とにかく日本が大義を掲げているとする根拠が必要になった。そこで、アジアはヨーロッパに侵されている、その侵されているアジアを解放するのが日本の大義であるという看板を立てたわけです。欧米に対抗するためにアジアは日本を中心に団結しなければならないという理論です。欧米はひどい侵略者であって、その敵に対して一致団結しなきゃならないという理論。一種の誇大妄想でしょうが、要するにそういう妄想をふくらませることで、近代日本はその道を歩んできたわけですよ。

これを日中問題に即して考えれば、日本はいまや、欧米からアジアを解放する大義の立場に立ったわけですから、中国は、当然、日本に協力すべきであると決め込んだということですね。ところが、中国の立場に立てば、これは逆に見える。いままで弟分だった日本がのしてきて自分の親分になろうとしている、と見えるわけです。当然、日本のそういう姿勢には反発するし、ついていけない。とはいえ、中国は実力でいうと、近代になって日清戦争で日本に負けたわけです。日本の方が工業力においてはるかに中国を上回ってしまった。中国は日本に、文化的、工業的に大きく遅れたわけですね。日本としては、日清戦争において中国は自分の子分になったと思っているわけですから。

日中関係にアメリカが割り込んできた

三浦　しかも、日清、日露、第一次大戦とつづいて、日本側のその優越感はいっそう強まったということですね。

岸田　ええ。すでに日露戦争の段階で、日本はいわば勝手な主観を展開しているわけですよ。義和団の乱のあと、ロシアは条約によって引きあげるべき軍を引きあげず、満州に居座ったのですが、中国がしっかりしていれば日本はロシアと戦う必要はなかったかもしれないのです。ところが、中国がしっかりしていないから日本が戦わざるをえなかった。そのくらいに思っていたんじゃないかな。実際、当時の中国のだらしなさは誰の眼にもひどいものでした。そこで日本は、中国は自分で自分を守れないんだから、アジア解放という大義のためには日本の子分になって当然なんだ、日本のいうとおりすべきである、日本に従うべきであると思ったわけです。ところが中国の立場に立てばとんでもない話です。いままでの子分が何を言っているんだ、俺こそアジアの中心であると依然として思っていたわけです。中華思想は根強いですから。ところが実際にはますます日本に侵略されてゆくわけですよ。そこで、英米に頼ったわけです。

三浦　中国が日本に対抗するために英米に頼った。

岸田　ええ。たとえば蔣介石なんかは、日本がのさばってきているんだから、これはアメリカが日本の頭を抑えなきゃいけないんだと、アメリカに向かって言うわけですね。するとそれが日本には、中国がアジアの大義を裏切って敵である英米に迎合しているというふうに見えるわけです。英米こそはアジアの真の大敵なのだ、それなのに中国は、俺様の方が昔から日本より偉かったなどという目先のつまらない面子にこだわってアジアの大義を忘れ、敵である英米に迎合するとは何ごとかという、そういう自己正当化によって、日本は日中戦争を論理的に支えてきたのだと思います。

ところが、その日本がアメリカに負けてしまったわけですね。そこでどうなったか。

負けてしばらくは、日本を中心とした大東亜共栄圏は崩壊したままだったわけです。中国にしても、かつての日本にとって代わるほどの実力はなかった。けれど、中華民国から中華人民共和国になって、まずアメリカと訣別し、さらに朝鮮戦争ではアメリカと戦い、そのうえソビエト連邦とも仲たがいして、それまでにはなかったような独立と団結を身に着けた。そして災害や文化大革命といった国内事情をも乗り切って、中国の代表は中華民国ではなく中華人民共和国であると世界に認めさせ、一九八〇年代以降、とくに九〇年代に入ってからは経済も大いに発展して、世界的にのしてきたわけですよ。するとやはりアジアの盟主というか中華思想を復活させたくなってくるのは当然ですね。

三浦　経済、軍事ともに力をつけてきた以上は、ということですね。

岸田　ええ。

日米中の三角関係がいまや反転した

岸田　さて、中華思想を復活させたくなってきたその中国から見ると、日米中の三角関係は戦前の正反対になっているわけです。戦前は、中国が日本に対抗するためにアメリカに頼み込んだわけですから、日本から見れば中国がアメリカの子分になっちゃった。アメリカの傀儡になっちゃった。そして日米が対立して日米戦争になったわけです。それが今度はひっくり返っているんですね。いまや、中国から見れば安保条約で日本がアメリカに媚びを売っている。アメリカの属国になっているわけだ。そして中国こそがアジアの大義を担っているということになるわけです。中国こそアジアのために中心となって新秩序を打ち立てなければならない国になっている。

いまのところは経済力においても軍事力においてもまだアメリカに劣るわけだから、そんなにはっきりは言わないけれども、中国の本音は、アメリカをアジアから追い出して中国を中心とする大東亜共栄圏を目指していると思います。これは間違いないと思う。

その中国の立場から日本を見れば、かつての大日本帝国から中国を見たのと同じように日本という国は見えるわけですよ。同じアジアの一国でありながら、アジアを支配しようとする侵略国家アメリカに基地を貸して、媚びを売ってアメリカの子分に成り下がっている卑劣な国であると。そこまではっきり言わないけれども、底の方にはそういう意識があるんだと思います。

だから、靖国神社はここでは、シンボルというかじつに象徴的な問題になっていると思うんです。

かつての中国にも親日的な汪兆銘政権があったわけです。蒋介石政権や毛沢東の共産軍から見れば、日本に媚びを売っていた傀儡政権があったわけだ。だけど、同じように現代の日本にも親中派と反中派がいるわけで、それは、一昔前の中国でいえば蒋介石と汪兆銘の対立みたいなものが、現代の日本のなかにもあるということですよ。外務省のチャイナ・スクールと言われる、中国に気に入られようとして中国の言いなりになるような汪兆銘のような立場と、アメリカに対しては卑屈だが、中国には強硬な蒋介石のような立場との対立があるわけです。はっきり言ってしまえば、中国の大東亜共栄圏構想に媚を売る立場と、それを阻止しようとする立場との対立という図式ですね。

靖国神社参拝の是非はそういうことにからんでいるわけです。ですから、たんに、かつて日本が中国を侵略して中国人を虐殺するなどの悪事を働いた、その戦犯を祀っている靖国神社に参拝するのは中国に対して謝罪する気持がないということだ、それは中国に対して礼儀に反するじゃないかというような、そういうレベルの問題もありますが、それだけではなく、その向こうにもっと重要な問題があると思う。

これはアメリカと中国と日本の三者関係の中で日本がどういう立場をとるかという問題であって、その問題の一環として靖国があるわけです。悪いことをしたから謝罪しろとか、悪いことをした奴を祀ってある神社を参拝するのはけしからんとかいうのは、確かにそれはそうですが、基本的には口実にすぎない。重要なのは、そんな問題ではないと思いますね。三浦さんの見解は、この図式のなかで言えば、中国の大東亜共栄圏構想に共鳴する立場になるわけですよ。日本のなかの汪兆銘。(笑) まあ、そこまで言わないにしても、とにかく、日本が悪いことをしたことは確かなんだから、その悪いことをした親玉を祀っているところを日本の首相が参拝するのはけしからん、中国人が怒るのは当たりまえだ、そういうのはよくないという論理ですね。でも、靖国問題の本質はそこにはない。それは口実にすぎないと思います。そんな単純な善悪の問題じゃないと思うんですけどね。

中国蔑視の精神分析的な起源

三浦　なかなか強烈な理論で、説得されてしまいそうです。(笑) 反論を展開する前に、ひとつ申し上げておきたいことは、ぼくは中国に対してはニュートラルな立場に立っているつもりだということです。中国に媚を売りたいなんて思ってもいない。中国はむしろどちらかというと苦手です。たとえば『水滸伝』と『八犬伝』があると、ぼくは『八犬伝』の方が肌に合うというか、好きですね。こんなことを言うのは、たいていの日本人はそうじゃないからです。とくに明治時代の連中はそうじゃなかった。たとえば正岡子規なんかは『水滸伝』派で、『八犬伝』なんか全否定です。これはどういうことかというと、正岡子規より前の連中というのは、どうのこうの言っても、結局、中国中心主義なんですよ。つまり中国は東亜の盟主であって、中国人に似ているって言われると嬉しいとか。

岸田　そういう時代ですね。

三浦　中国人と同じくらいの漢詩が書けて凄いとかいう世代なんですね。

岸田　そうですね。鷗外なんか、ゲーテの『ファウスト』のラテン語の部分を漢文に訳していますからね。

三浦　それでそういう連中は、『八犬伝』を書いた馬琴を糞味噌に言う。『水滸伝』の亜流にすぎない、と。何とかはフローベールの亜流にすぎないとかいう批判とまったく同じ論理ですね。それこそさきほどの岸田さんの話じゃないけど、近代日本文学こそ、モデルを中国文学からフランス文学に替えただけにすぎないと思われるほどです。だけど、実際に『水滸伝』と『八犬伝』を比べれば、『水滸伝』はまさに残虐非道です。

岸田　そうですか。

三浦　人肉を食う話ばっかりですよ。

岸田　あ、そうなんですか。

三浦　たとえばヤクザがたむろする梁山泊ってあるでしょ。その梁山泊の入口に居酒屋を出して見張所にするわけだけど、そこで売っている饅頭というのはぜんぶ、客をぶっ殺してその肉をミンチにしたものなんですよ。そういう話ばかりがぞろぞろ出てくる。『八犬伝』にはそういう要素がまったくない。つまり、かりに『八犬伝』が『水滸伝』の影響を受けたにしても、そこでの変化というのは無視できないと思うんです。だから、無邪気に『八犬伝』を貶して『水滸伝』を褒めるという感性が、ぼくにはちょっとついていけない。そこのところが、どうもぼくは中国が苦手だというところなんだと思います。

そのうえ、これは岸田さんの体験も伺いたいけれど、ぼくの最初の中国体験はあまりよくなかった。自己主張が強いうえに平気で嘘をつくとか、そういう人にだけ出会ったような感じでしたね。これは政府がらみの旅行になると違うし、また、地方によっても違うと思いますが、とにかく印象はよくなかった。どちらかというと、和辻哲郎が『風土』に描いている中国人に出会ったような感じだった。もちろん、旅行者からみれば、日本も同じだろうと思いますよ。日本にだって自己主張が強いうえに平気で嘘をつく人間はいっぱいいる。電車のなかのマナーを見ても、いまの若い連中なんてひどいと思う。それは同じだろうと思う。だからはっきりしていることは、ぼくは個人的には中国に対して好意を持っているわけではない。崇拝も尊敬も何もない。媚を売りたいなんて気持は微塵もない。そういうことで靖国参拝を批判しているわけではない。

そういうニュートラルな立場からでも、なおかつぼくが、岸田秀が靖国参拝を肯定するのはおかしいっていうのはなぜかといえば、さきほど岸田さんがそんな単純なものじゃないとおっしゃったその「単純なもの」が、単純であるにもかかわらず、中国人にとって以上に日本人にとって重大であると思うからです。これが第一の反論ですね。ぼくの父親たちの世代が相当にひどいことをしていたことは確かである。また、かなり多くの人がそういう残酷なことを手柄顔に語っていたことも確かです。

岸田　確かです。

三浦　もちろん、日本人が大陸から引き揚げてくるときに逆のこともあったけれど、大局的に見ればむしろ少なくて、向こうで行った蛮行の方がはるかに多い。それはちょっとひどいんじゃないかという話がいくらもある。

岸田　うん、いくら何でもね。

三浦　いくら何でもひどい。あるいはそれは、さきほどの岸田さんのお話、日本には中国に対する崇拝と反発の両方の気持があったんだというお話の、その反発が近代になって噴き出した、その噴き出し方の激しさかもしれません。明治から昭和にいたる日本の知識人の書いたものを順に読んでいけばはっきりしますが、その変化の激しさはすごいものです。なんだ、長年憧れていたものの実体はこんなものだったのかという失望かもしれないけれど、いずれにせよ、その卑屈から傲慢への急激な変化は、精神分析の好個の素材だと思います。中国に対するこの感情の延長上に日中戦争があったと思います。それはもちろん、岸田さんのおっしゃるように単純なものにすぎないかもしれないけれど、しかし、その単純なものは、中国の問題として以上に日本の問題として軽視できない。

というより、崇拝から反発、さらにいえば卑屈から傲慢へと一挙に裏返ってしまったその日本国民の集団心理の仕組みはいまなおほとんど解明されていない。単純であるにもかかわらずですよ。

岸田　いや、単純っていうかね……

靖国神社こそ官僚病の起源

三浦　で、第二の反論は、そのことと関連するんですが、近代日本が日清、日露に勝って、東亜の盟主としての日本という誇大妄想を抱きはじめる段階のことです。

岸田　誇大妄想っていう言葉はぼくも使っていますけどね。

三浦　もちろん岸田さんの論理でいっているわけですが、その肥大しはじめた誇大妄想のシンボルになっていくのが靖国神社なわけですよ。人間の誇大妄想がどういうふうに展開してゆくかということを見事に説いたのが岸田理論です。たとえば『官僚病の起源』にしてもその岸田理論の応用です。官僚病の起源は、ある種の共同体は、ある段階からひたすら内側だけを見て外側を見なくなるということですよね。

岸田　自閉的共同体というのは、そういうことですね。

三浦　日清日露の外交交渉なんていうのは、当事者にしてみれば冷汗ものだった。けれどいわゆる一般民衆や軍部の下端の連中にしてみればそんなことは知らない。知らされていないわけです。知らされない国民は政府の弱腰を非難する。国民は嬉しがらせる話しか聞かされないわけだから、当然です。もうこの段階で自閉的共同体の萌芽ができている。外側の真実を知らないわけだからまさに「井の中の蛙」だけど、それは政府が操作したこと、意図的にしたことです。まったく同じことが軍部にもいえる。いや、それ以上でしょう。都合のいいことしか知らせないわけだから、自閉的共同体はいよいよ肥大していく。

岸田　それが日本の軍部だった、と。

三浦　そしてその軍部を象徴するのが……

岸田　靖国だった。

三浦　とすれば、国際関係の観点から見て中止するのは問題だから参拝していいじゃないかという論理は、『官僚病の起源』を書いた岸田秀からは出てくるはずがない。これが第二の反論です。

岸田　うーん。

三浦　もちろん、日米中の三角形が逆になって、戦前の日本が陥った大東亜共栄圏という誇大妄想に、いまや中国が陥っているという岸田さんの見解は説得力がないわけではない。いや、大いにある。だけどこれにもふたつの問題があって、ひとつは、これは岸田理論のすぐれた点ですが、国家や会社を人間のように見なすことができるということは、じつは国際関係も人間関係と同じように多様に解釈ができるということでもあるんですね。

たとえば、岸田理論によれば、アメリカが侵略すればするほど正義を振りかざすのは、先住民を虐殺して建国したという事実がトラウマになって、それがいつまでも尾を引いているからである。つまり、実際は、アメリカは、侵略して正義を振りかざすのではなく、正義を振りかざすために侵略先をいつでも探さなければならないわけです。そういうアメリカの幼児体験から見ると、日米中の三角形もまた違って見えてくるのではないか。

あるいは、同じようなことがじつは中国にも当てはまるかもしれない。中国の場合は、建国の事情を秦の始皇帝、あるいはそれ以上にまでさかのぼることもなくて、中華人民共和国および文化大革命だけでいいかもしれない。たとえば文化大革命は中国革命のトラウマが惹き起こしたものであると見ることができる。建国のトラウマを解消しないかぎり中国はつねに内外に人民の敵をつくりつづけるだろうということになる。そういう現代中国の幼児体験から見ると、日米中の三角形もまた違って見えてくる。つまり、さきほど展開された日米中の三角関係が逆になるという見方のほかに、いくつかの見方が可能であって、そのうちのどれがもっとも現実妥当性を持つかということになってくる。

これはさきほどの岸田さんの見方を批判しているのではありませんよ。そういういくつもの見方を提示できるということじたいがすごいことだと思う。そしてまた、そのどれを採用するかを決定するのが人間の自由、国家の自由であるということなのですから、これもまたすごいことだと思う。だけど、さきほどの岸田さんの見方もまた多少は相対化されなければならないだろうと思うわけです。

もうひとつの問題は、日米中の三角形が逆転して、いまや中国が大東亜共栄圏という誇大妄想に陥ったとしても、それを抑制し批判するために靖国参拝が有効適切かといえば、そんなことはまったくないだろうということです。むしろ逆なのではないか。さきほどの岸田さんの置き換えでいえば、現在の日本は戦前の中国にあたるわけですが、その場合、小泉純一郎ならぬ蔣介石が靖国神社にあたる陵なり廟なりを参拝したとして、戦前の日本軍部の大東亜共栄圏構想を抑制し批判することができたかどうかといえば、非常に怪しい。およそ次元が違うという感じがします。

中国がいまや大東亜共栄圏妄想を抱くにいたっているとして、それを批判し非難するなら靖国問題なんかでやる必要はない。軍備増強とか、台湾恫喝とか、そういったたぐいのことを正面から批判し非難すべきだろうと思います。逆に、それこそ靖国参拝の姑息な口実にすぎないということになるだろうと思う。

日本はアメリカ・コンプレクスを中国で発散している

三浦　いずれにせよ、理論的にはこれまでになかったおそらくもっとも根源的な日本陸軍批判、自閉的共同体批判を展開した岸田さんが、その病根ともいうべき靖国神社を参拝することにかんして、まあいいだろうとおっしゃるのは、それはおかしい……

岸田　矛盾している……

三浦　矛盾している。さきほどの三角形の逆転という見方の背後には人種間抗争もあります。世界が白人によって支配されるのを食い止めるのは当たり前だ、と。そのとき「主導権はやっぱり俺だ」

と日本がいったら、中国が「だったら俺、白人と手を組むぜ」といったので日本は頭にきた、と。それが今度は逆転して、「やっぱり人口からいっても歴史からいっても俺だ」と中国がいったのに対して、日本は「こっちは相変わらずアメリカと手を組むからね」といった。それに対して「お前ちょっとおかしいじゃないか」と中国が絡んできた。かりにそういう関係も考えなければならないとしても、そこで靖国参拝がいいということにはならないでしょう。

岸田　うーん。

三浦　かつて中国を陵辱したことを少しも反省していない、むしろ肯定しているととられるかもしれないことを、そこであえてするというのが、外交上、はたして得策ですか。というより、本格的に反省していないことで損しているのはむしろ日本だと思いますけどね。しかも、本格的な反省の仕方を提示しているのが、ほかならぬ岸田理論なんですよ。いずれにせよ、中国の大東亜共栄圏構想を抑制するために靖国神社を参拝するというのは、外交上からも、プラスマイナスというのも変だけど、プラスとは思えない。

岸田　うーん、そうかねえ。

三浦　むしろ岸田理論でいえば、およそ逆の展開になるんじゃないでしょうか。靖国参拝の背景には、きわめて明瞭な日本および日本人のコンプレクスがある、と。

岸田　中国に？　どこに？

三浦　アメリカに対するコンプレクス。

岸田　アメリカに。うん、うん。
三浦　アメリカに対するコンプレクスを、中国に対する嫌がらせで解消している面があるわけです。岸田理論でいえば。
岸田　ああ、それはその要素はありますね。さっきも言ったように、中国に対する強硬派は概してアメリカに対しては卑屈ですから。
三浦　毎年、広島慰霊祭、長崎慰霊祭には、アメリカ大統領に是非参拝してくれと申し入れるとか、それくらいのことをすべきですよ、靖国参拝の前に。靖国参拝なんて、たんなる弱い者いじめだよ。領土問題とかなんとか言っているけれど、だったらアメリカとも堂々とやってこいよと思うけれど、できないわけですよ。
岸田　それで中国に向かっていると。
三浦　そうそう。それで、石原慎太郎にしても、北京オリンピックをボイコットせよとか、弱い方に対して攻撃的になっちゃうわけです。それだったら、広島長崎はもとより、東京大空襲も人道的に許せない、したがってアメリカはとても文明国とは思えないから、「俺が東京都知事になったらアメリカ人は東京に入れさせない」とかさ。それくらいやるんだったら、それは理屈として合う。そりゃ暴挙ですよ。だけど、同じ暴挙だったらその方がいい。にもかかわらずそうじゃない、弱い者いじめだけですよ。
岸田　それは明治時代に、中国への崇拝が蔑視に逆転したその機制がそのまま残っているわけですよね。欧米列強に対する劣等感、敗北感を補償するために中国を蔑視した。だから近代における中国人蔑視というのは、欧米への劣等感の裏返しですよね。

三浦　その延長上に、一九一九年の五・四運動を惹き起こす一因となった例の対華二十一箇条要求とかがあるじゃないですか。さきほどの岸田さんの、靖国問題はインターナショナルなレベルでいえばこうだよというのでいえば、むしろ、対華二十一箇条要求まではいかないまでも、日本はいまやそういうようなことを反復しはじめているとも思える。中国が資本主義経済を導入して日本に身近な存在になっただけ、そういうことが起こりやすくなっている。岸田理論でいけば、そういうことがでてくる。

岸田　うん、でてくる。

三浦　つまり、靖国問題は、岸田理論でいえば、日本の中国に対する強迫神経症の再発でしょう。（笑）岸田理論としては、それを断ち切ることこそが必要だ。

岸田　靖国参拝をやめた方がいいってこと？

三浦　それしか出てこないんじゃないかと思うわけです。岸田さんに異論を称えるってことはまずないんだけど、これは岸田理論からいって出てこないはずだ、と。

岸田　結局、アメリカのアジア政策の基本方針というのは日中を喧嘩させるってことでしょう。アメリカにとっては日中が仲良くなるのがいちばん困るんですよ。だから、戦前は中国を利用して日本に敵対させ、戦後は日本を利用して中国と敵対させるという政策をとっています。弱い方を味方につけて強い方を抑えにかかるというのがアメリカの変わらぬ方針ですね。かつては日本がのしあがっていたから、中国を助けて日本に敵対させた。いまは逆をやっている。アメリカとしては日中が対立しているのがいちばん都合がいいわけで、日中が対立しているというのはある意味ではアメリカの計略にひっかかっているということですね。

三浦　そうですね。靖国問題もアメリカの謀略かもしれない。（笑）

岸田　昔も、アジアという立場に立てば日中が同盟するのがいちばんよかったのです。それができなかったのはなぜかということです。

大日本帝国の大東亜共栄圏構想、大東亜戦争について正反対の二つの見方があります。一つは、アジア征服の野望であったという見方、もう一つは、欧米の植民地主義勢力からアジアを解放するための正義の戦いであったという見方。どちらの見方も、そう信じたければ、それぞれそれなりの根拠はあります。あるいは、征服戦争の面もあり、解放戦争の面もあったということかもしれません。ここでかりに第二の見方をしてみましょう。これが正義の解放戦争であったとして、なぜ日本はこの企てに失敗したかを考えると、第一の最大の原因は中国を敵にまわしたことであることは明らかです。いろいろ理由はあったにせよ、真にアジア解放をめざすのであれば、何としてでも中国を味方につけるべきでした。

ひるがえって、最近の中国の動きについても、同じように二つの見方をすることができます。一つは、中華思想に基づき、かつての華夷秩序を復元し、アジアに中国の覇権を確立しようとしているという見方。もう一つは、アメリカの支配からアジアを解放することをめざしているという見方。ぼくは外国人なので、第一の見方を取りがちですが、中国人自身は第二の見方をしているかもしれません。もしそうだとすれば、かつてアメリカに敗れて口惜しい思いをしたであろう日本人の立場にかりにちょっと身を入れてみると、中国に対して次のような助言をしたくなります。すなわち、かつての大日本帝国の失敗に鑑み、やはり最も避けるべきは日本を敵にまわすことである。いまの日本はアメリカの子分みたいであるが、それを軽蔑したり罵倒したりして(かつて大日本帝国が中華民国を馬鹿にしたように)日本人のプライドを傷つけないようにすること。アメリカ人は無神経で傲慢だから、日本人がいつまでもアメリカの支配に甘んじているはずはないと、あせらず気長に構えて時機を待つこと。いわゆるA級戦犯は、中国がアメリカに迎合していると誤解して中国を攻撃する愚を犯したが、考えようによっては、彼らはアジアの敵のアメリカと戦った同志であり、彼らが祀られている靖国神社に参拝することがいいとか悪いとかというような細かいことにこだわらず、国家百年の計というか、アジア百年の計を考えて、今後の中日米の三者関係を広い視野から展望すること。大日本帝国は追いつめられてあせり、アメリカと戦って惨敗したが、大日本帝国の失敗を教訓としたこれらの助言を聞き入れるならば、中国は、戦わずしてアメリカがアジアから自ら撤退するように仕向けることができるのではないか。そのためには日中友好が何よりも必要であり、靖国なんかどうでもいいことではないか。

三浦　うーん、なるほどね。大人の論理だけど、だからこそ、それを言ったら中国はもっと傷つく

でしょうね。(笑)

軍部だけが悪かったというのは嘘だ

岸田　ところで、靖国問題というのは、中国が日本と仲良くするために、日本人を軍国主義者と一般人民に分けたところからはじまっていると思います。最初に、ポツダム宣言がその論理に立ったわけですが、それがぼくは嘘だと思うわけです。いまの靖国問題というのはその嘘を維持するという前提に立っているわけです。小泉の靖国参拝に反対するのは、だから嘘の上塗りになるだけです。

三浦　新聞雑誌の論調では、A級戦犯を合祀したから良くないということですね。中国や韓国の論理がそうですから。だけど、ぼくのように靖国神社そのものに否定的な人も少なくないでしょう。中国についていえば、マルクス主義が入ったといっても、中国には根強い儒教の伝統があって、基本的に建前の国、面子の国だから、日本人民も被害者だという理論で行こうと言い出した以上は、それを貫こうとするでしょう。賠償しなくてもいいとまでいったわけですから。

岸田　建前ですね。

三浦　でも、外交というのは建前の問題ではありませんか。ポツダム宣言の内容そのものが、日本国民を欺いて世界征服の挙にいでしめた権力および勢力は永久に除去されることというものであって、中国としてもそれで手を打ちましょうとしたところが、いつのまにかその権力および勢力を参拝しはじめた、と。中国としては「なんでお前の方からぶっこわすんだよ」ということでしょう。建前としてはそうですよ。

岸田　しかし、その建前はやはり日本のナショナル・アイデンティティと矛盾するんですよね。

三浦　なぜですか。そこがうかがいたいところです。

岸田　軍国主義者だけが悪かったんだ、日本人民もまた被害者だったんだというのは、日本国民全体としては、対中国侵略の責任から逃れているということです。悪い軍国主義者が悪いことをしたのであって、日本人民には中国を侵略する意図はなかったということでしょ。

三浦　そうですよ。本当にそのとおり。

岸田　それは、やはり日本国民としては卑怯じゃないですか。日中戦争では志願兵が続々と駆けつけたわけですからね、徴兵もされないのに。強制されたわけじゃないのに、志願して中国戦線に行った兵隊も大勢いるわけですからね。

三浦　それどころじゃないですよ。新聞だって雑誌だって戦争大賛成だった。

岸田　だから国民全体として侵略したわけでしょう。それを軍国主義者だけが悪かったという建前で解決しているというのはね、嘘で解決しているということだと思います。周恩来はそういうポツダム宣言の建前を前面に打ち出して中国人民を説得したわけです、日本と仲良くするために。日本国民を批判、非難しないように、そういう建前にしたのかもしれないけども。しかし、それは日本国民にとっては嘘なんですからね。

三浦　それでは、嘘だとして、岸田さんはどういう対応ができると思うわけですか。全員がちゃんと謝らなきゃいけないということですか。

岸田　うん、そういうことですね。

三浦　全員がまだ謝っていないっていうことですね。だったら、ぼくと同じ考えではありませんか。その理論でいけば、まず最初に全員が謝る機会をつくらなくちゃいけないってことになるわけでしょう。

岸田　全員が謝る……謝るのはやっぱり全体として謝るべきであってですね。A級戦犯が靖国に祀られているから、靖国に参拝してはいけないっていうのはおかしいって言っているわけです。

三浦　ああ、そういうことですか。よく分かりました。だったら、A級戦犯がどうとかBC級戦犯がどうとか、ということよりも、基本的に日本の人たちは中国に対してぜんぜん謝っていないじゃないですか、と言ってくれた方が分かりやすい。

岸田　建前を言うならそうですよ。

三浦　中国にも、そういうふうにはっきり言った方がいい、と言いたいわけですね。

岸田　そうそう。だから、小泉首相が「それでは参拝するのはやめましょう」といってやめたら、靖国問題は解決するんですか、と前に言ったのは、そういうことだったんですけどね。

三浦　つまりそういう小手先のことをやっていては、抜本的な解決はいつまでもつかないということですね。

岸田　そういうことです。

被害者は無限に正義なのか

三浦　だとすれば、岸田さんとぼくの考えはほとんど変わらないことになる。全員が謝る機会をつくるべきで、そのためにも誤解を招く靖国参拝はやめた方がいいということになる。そうではありませんか。

岸田　ただ、謝るべきだとしても、被害者には無限の権利があって、加害者はずっと頭を下げっぱなしで被害者の主張をぜんぶ認めなきゃいけないとか、被害者の指示するとおりの謝り方で謝らなければならないとかということになるなら、それは違うのではないかと思うんですよ。それじゃあ被害者に全権があるのか、という問題。

三浦　ええ。

岸田　被害者に無限の権利があって、被害者のいうとおりそのまま、加害者は「悪かった、悪かった」と、ずうっと頭を下げて謝るしかないのかというと、ぼくはそうではないと思っているわけです。日中戦争にかんして、日本が一〇〇％悪くて、中国が一〇〇％正義であったとは思っていない。中国にも、日本に侵略されるだけの責任は当然あったわけで、そっちの方も明らかにしないといけないと思う。全体として、日本の中国侵略はどういう背景のもとに行なわれ、日本はなぜあんなことをやったのか、中国はなぜああなったのか。そういうことをもっと冷静に議論すべきであって、謝っていない、謝り方が足りないとか、まだ十分に謝っていないとか、そういう問題ではない。いまはその全部をごまかしているのが駄目だと思うわけです。

三浦　よく分かりました。全部をごまかしているから駄目だということについてはまったくそのとおりだと思います。それではどうすればそのごまかしを解消することができるかということになりますが、その前に、いまの加害者と被害者の関係についてですが、これも第一章で問題になったことで、ぼくはそこで、そういうことを問題にできる権利はとりあえずは被害者の方にあるのであって、加害者の方でそれを言うのは少なくとも伝統的な倫理にはずれる、それこそ日本的美学にはずれると言ったわけです。岸田さんはその答えには満足されなかった。

それはある意味で当然のことで、たぶん法の根幹にかかわってくるからなんだと思います。法の根拠とは何かといえば、本当はまったくいい加減なものだと思います。というか、無いも同然で、法として通用しているから法なんだとでもいうほかないようなものだと思う。せいぜい性善説と性悪説、自然法と人定法の対立とか、そういったたぐいのことを法制史とかなんかでやっているだけです。そんな状況だから、岸田さんが提起したような問題が出てくるんだと思う。問題は二つあって、ひとつは加害者と被害者の関係はたいていかなり複雑で、しばしば関係が逆転するということですね。日本を戦争に追い込んだのはアメリカなのだから、本当の加害者はアメリカだ、それに加担した中国だって加害者だという逆転ですね。これはしかし現実的には際限がないことになる。もうひとつは時効の問題です。侵略戦争の責任に時効はないのかということです。法学部の連中は時効の問題ひとつ本質的には解明していないんじゃないかな。

この二つの問題は、事態を正義の問題として考えるか、感情の問題として考えるかで違ってくる。日中戦争にかんしては中国にも日本に侵略される理由があったのであって、それも解明されなければならない、日本だけが悪いわけではないというのは、正義の立場から見た場合に言えることです。正義の量りがあって、それには善悪の目盛りがついていて、どっちがどれだけ悪かったかが分かるはずだという論理だと思う。正義の背後にはもちろん神が存在する。少なくとも西洋的な理性が存在する。あるいは世界革命といった理想が存在する。岸田さんはそういう観点から見て、日本が一〇〇%悪いわけじゃないと言っていることになってしまう。それはしかし精神分析にも岸田理論にもぜんぜん似合わないのではないでしょうか。だいたい精神分析にとって正義とは何かといえば、むしろその正義を精神分析しなければならないのが精神分析の立場だと思う。

似合うのはむしろ感情の問題であるように思います。自我の感情の問題ですね。恐れとか憎しみ、恨みとか後ろめたさとかにかかわる問題。法というのは、むしろこういう感情に全面的にかかわるものであると考えるのが精神分析的なんだと思う。ニーチェ風に言えば、情動の経済の辻褄合わせですね。感情の負債を返却すること。たぶん、こういう精神分析的な考え方の方が法の本質を衝いていると思います。たとえば収穫のお祭りなんていうのは、古来、自然を収奪した罪に対する罰として執り行われたと考えるというようなことです。法の原型は精神分析によって明らかにされると考えるべきではないか。

ところで、フロイトが指摘するように、無意識には時間がないわけです。それはあえて言えば時効がないということです。それで神経症にもなるわけです。これを解決するには、意識によるごまかしを除去するしかない。それが精神分析による治療であると、まあ言われているわけです。それはこの場合、どういうことを意味するかといえば、中国の反日感情がほとんど時間を超えて持続しているその無意識の解明こそもっとも重要なのであって、客観的に見てどっちが何%正しかったかなんてことはおよそ重要ではないということだ。少なくとも岸田理論から言えばそういうことになるのではないでしょうか。

靖国神社を正当化する根拠

三浦　さてそれでは、どうすれば日中関係のあいだにある嘘を取り去ることができるか。岸田さんは、どういう手順を踏むのがいいとお考えですか。それにはもちろん岸田理論が大いに役立つでしょう。自閉的共同体がどのように成立したか、日本の卑屈がどのように傲慢に変わったか、岸田理論から多くのヒントが与えられている。けれども公の場ではこれまで何ひとつ解決されていないんですよ。いつまでももやもやしている。

岸田　ごまかしているんですよ。日中両方がごまかしている。

三浦　そのごまかしを取り去って最終的に解決するためには、なおさら靖国参拝はまずいんじゃないですか。まず第一に、靖国神社を廃止すべきだということになるんじゃないですか。

岸田　靖国神社が戦争を正当化する機能を果たしたというのは事実ですが、しかし戦争というのは国が起こしたわけで……

三浦　国が起こしたにしても、さきほどの岸田さんのお話では、従軍した多くは志願兵になってでも行くという連中だったということでしょう。

岸田　国が起こしたというか、今度の戦争も国民の反対を押し切ったわけではなく、国民がそれに合意してはじめたわけです。それでそのために多くの国民が戦死した。国のために死んだわけだから、やはり弔うという施設は必要ですよ。それはどこであっても必要というか、当然というか、自然な感情というか、なければならないものです。靖国神社が侵略戦争を正当化するために利用されたということでは、それは誤っていたと思います。名誉の戦死という観念のために利用されたというのは誤りだった。だけど、だからといって、靖国神社を廃止せよというふうにはならないと思う。それでは、完全無欠じゃないものは潰せ、ということになってしまう。マイナス点はあるけれどもそれは自覚して修正していけばいいのであって、戦死者を弔う何らかの神社が——日本はいちおう神道ということになっているから——あるべきだとぼくは思っています。潰せというのは反対ですね。

三浦　先ほど岸田さんがおっしゃっておられた日本近代の流れとして見れば、東亜の盟主になるという誇大妄想が肥大してしまったのは旧日本軍という自閉的共同体のためである、しかもその自閉的共同体の仕組みというのは、戦後も無傷のまま政府省庁に残ってしまった。かつての大蔵省の不祥事にしても外務省の不祥事にしても、『官僚病の起源』によれば、その体質は旧日本軍とまったく変わらないわけです。国益というよりは省益を考える体質ですね。官僚のほとんどは天下り先しか考えていない。かつての運輸省から派生した道路公団なんかその典型です。談合は正義だと思っている。だったら法を変えるべきなんだけど、そうはしない。二重構造、要するに二枚舌の方が都合がいいんですね。そういう意味では、日本の政府、日本の官僚は、本音の部分、本質の部分では、大東亜戦争をめぐっておよそ反省らしい反省をしたことがないということですよね。

岸田　はいはい。

三浦　反省らしい反省をしたことがないというより、反省しないことを誇る、旧日本軍のままであることを誇る意識が官僚には根強くあって、その象徴が……

岸田　それがいまの靖国神社……

三浦　だと思いますね。確かに国のために犠牲になった人に対して国家レベルでの施設が必要だという考え方はあると思います。諸外国にもある。だけど、個人的に言えば、肉親が国のために犠牲になったとしても、それが集団埋葬される、集団で祀られるということにはむしろ抵抗があります。肉親個人の墓で十分です。集団で祀られるというのは北朝鮮の軍隊の整列行進のなかにでも入れられるようで、むしろ不愉快というか不快です。遺族の人々は、肉親が死んでまで軍隊に奉仕させられることによく平気でいられると思うほどです。岸田さんが死んだとき、日本の思想を守るために命を捧げた者として日本思想神社に祀られることになるとしたら、どうですか。まあ、そういう個人的な感情は別として、まったくニュートラルに考えたとしても、靖国神社には、慰霊というより、軍人恩給とか、遺族会とか、経済的、政治的な運動の匂いの方が強い。

国家が忠魂碑、慰霊碑、またその施設を必要とするのは、国家のイデオロギーを持続させるために必要だからです。会社だってそうでしょう。そういうものがあるとすれば、愛社精神を鼓舞するからであって、それ以外ではない。ワシントンにある共同墓地なんかにしても、軍隊が整列行進しているようで、不気味ですよ。ファシズムの雰囲気が漂っている。百歩譲って、戦死者のために何か必要だとしても、それは靖国神社であってはならないと思いますね。自閉的共同体の歴史そのものだからです。自閉的共同体のシンボルとして機能してきたものを遺すことには非常に抵抗があります。

軍隊を持つのは善か悪か

岸田　しかし、もっと根本的な問題になるんじゃないかなあ。国家が軍隊を持つのは善か悪か。悪だとすれば、それはもう靖国神社なんてものはとんでもないということになるでしょう。だけど、国家が軍隊を持たざるを得ないとすれば、その軍隊というのは戦争すれば戦死者が出るわけで、戦死者というのは実際問題、惨めったらしく、死んでいるわけです。だいたい日本軍でも敵弾に当たって勇壮に死んだというのは詳しくは知りませんが、一割から二割ぐらいではないでしょうか。あとは餓死、病死、事故死。戦地に送られる途中で輸送船が沈没したとか、惨めに死んでいるわけですよ。そういう惨めに死んだ戦死者を正当化し、美化して、お国のためという栄誉を与えるのが靖国神社だったわけですね。
三浦　その事情を考えたらいっそう靖国神社に反対したくなりますね。そういう愚劣な戦略戦術を考えた連中と、その連中によって塵芥のように消耗させられた兵士たちとが一緒になることには耐えられないですよ。
岸田　だけど、とにかくお国のために死んだということは特別に扱われるべきなんです。なぜかといえば、戦争をすると戦死者が出る、戦死者が出ても軍隊というのは戦争をしなきゃいけない。そうすると、戦争に戦争を正当化する必要があるのと同じように、軍隊には戦死を正当化する機能が必要なんですね。いわば必要悪みたいなものですね。それが靖国神社です。
　軍隊はとにかく悪なんだから、廃止すべきであるというのは文句なく正しい見解であると思います。それなら問題は簡単であって、靖国神社のような施設は廃止すればいい。しかし、現実問題として軍隊というものを必要悪としてであれ、認めるかどうかの問題であって、必要悪として認めるならば、靖国神社のような制度は必要だと思う。国家として戦死を正当化する、美化するということはやっぱり必要だと思いますね。それがいけないのなら、国家という存在がいけないことになる。
三浦　だけど、かりに必要であったにしても、靖国神社であっては都合が悪いというのは岸田理論から出てくると思いますよ。いくらなんでも、それが岸田さんが批判しつくした自閉的共同体の象徴であってはまずいですよ。そうでない方が望ましいというのが岸田理論の必然だとしか思えません。

もうひとつ、根本的問題としておっしゃられた、軍隊が必要悪であるというのは、もちろんその上には国家は必要悪であるというのがあるわけですか。

岸田　ええ。

三浦　それで、国家という必要悪は、軍隊という必要悪を必ず伴うかどうかですね。

岸田　どうなんですかねえ……。

三浦　岸田理論では、そこがどうなるのか。つまり、岸田さんはよく物ごとを転倒させてみせて読者を驚かせるわけですが、国家にしても同じで、みんなは国家を誤解しているんじゃないかと。国家とは軍隊のことだとも言えるわけですね。

岸田　そうですね。

三浦　国家が人間にとって必要悪かどうかじゃない。軍隊が人間にとって必要悪かどうかということ。

岸田　そうですね、ある意味では。

三浦　つまり、武力がない支配は機能しないということですよね。

岸田　うーん、まあね。機能するでしょうか。

三浦　それは岸田理論で根源的に考えるとどうなるかということです。

岸田　根源的に考えた場合には……。

三浦　集団心理と個人心理はつくりとしては同じものだという、さきほどの考え方に対応させて考えると、国家における軍隊は、個人における何に当たるのか、ですね。

国家は軍隊でもち、自我は腕力でもつ？

三浦　本能が壊れたのが人間である。そのために自我が必要悪として登場した。その自我の成り立ちは人工的なものなのだから基本的に社会的なものである。

岸田　そうです。

三浦　社会もそれと同じかたちをしている。とすれば、軍隊が対応するのは自我のなかのどの部分ですか。

岸田　自我というのはつくりものだとぼくは言っているわけですね。つくりものであるということは幻想であるということで、幻想にはそれを支えるものが必要なわけです。本当のところ、幻想を剥いでしまえば、自分という存在には何の根拠もないんですよ、つくりものですからね。

三浦　ええ。

岸田　自我の正当性など現実には何の裏づけもないわけです。幻想を剥げば、何もない。しかしそれでは人間は生きていけない。自我の存続のためには、自分の存在には価値があると思えるようなプライド、誇りが必要なんですね。でもそれは幻想なんです。しかし幻想だけど必要なんですよ。そして、その誇りというのは誇大妄想と連続しているんです。ここまでが正しい自己認識で、ここから先は誇大妄想であるなどというはっきりした境界はないわけです。己惚れは誇大妄想に転化しがちなんです。どんな場合でも、そうです。みんな己惚れを嘲笑し、非難するけれど、己惚れのない奴はいないんで、己惚れこそが個人の自我を支えているわけです。己惚れとは文字通り、自分に惚れていることですが、自分に惚れていない者は生きてゆけないのです。それと同じように、国家も国家としての己惚れによって支えられている。ひとつ間違えば誇大妄想になってしまうような民族の幻想とか文化の幻想が国家を支えているんですね。ナチスはドイツ民族の優越幻想に応えたのです。アメリカにもアメリカ流の正義が必要である。中国にも中華思想があって、それが中国を支えている。そういうものが必要不可欠なわけです。大東亜共栄圏というのは誇大妄想だったけれども、近代日本を、戦時下の日本国民を支えたわけです。そのような支えは、できるだけ、はた迷惑でないように、誇大妄想にならないようにするという努力は必要なんだけど、しかし無くすことはできないですね。

三浦　はた迷惑でない誇りってありえますか。

岸田　ないわけではないと思うけどね。ないことはないとは思うけど、しかし、むずかしいでしょうね。

三浦　たとえば、古今東西の修行僧なんかがそうですか。

岸田　はいはい、まあそうですね。

三浦　古今東西、修行僧というのは武力を放棄していませんか。もちろん、武力を放棄しているはずのその修行僧たちが、じつはもっとも強力な軍事集団になるというのは、いちばん激しい戦争は宗教戦争であるという事実によって証明されているわけですが。
岸田　対外関係というのはやはり力関係ですからね。山の中にこもって精神修養をしているならば武力はいらないでしょうけどね。だから日本も鎖国しているときは基本的に武力がいらなかったわけです。
三浦　自我を支える誇り、要するに誇大妄想ですが、その延長上に軍隊が想定されるわけですか。
岸田　守らなきゃいけない。誇りは対外関係によって傷つけられるんですから。領土を占領されるとか。国民が犯罪の被害者になるとか。そういうときに武力なしで守れるかどうかですね。
三浦　ええ。
岸田　問題はそこですね。日本国憲法にのっとって「平和を愛する諸国民の公正と信義に信頼して、われらの安全と生存を保持しようと決意」するというのもいいんですけど、それではやっていけないでしょう。難しい問題ですが。
三浦　要するに、自我の誇りは力によって支えられなければいけない、その力に対応するのが軍隊だということですね。
岸田　単純にいえばそうですけどね。軍隊がなくても済むというのがいちばんいいのですが、しかしまあ……
三浦　自我の誇りを守る場合、いちばん手っ取り早い道に、体を鍛えて、腕力が強くなって、喧嘩が強くなるというのがありますね。やくざのお兄さんみたいになるということですね。一見して威圧感を与えるようになる。
岸田　人によっては、そういうことを誇りにする可能性もある。
三浦　あるわけですよ。他方、体は華奢だけど、ものすごく頭がいいというのもある。
岸田　それもあるし、道徳的、人格的に高潔でみんなから信頼を集め尊敬されるということもありますよね。
三浦　それから家系を誇ることもある。そういうふうに、自我を支える誇りには、いろいろある。そのうちの何を選択してゆくかということが要するに自己を決定していくということですね。
岸田　そうですね。
三浦　そうすると、軍隊に対応するのは、やはり腕力を鍛えてということになるでしょうね。喧嘩に強いやくざのお兄さんみたいになるということ。つまり、軍隊に対して固執するのは、とにかく人間、生きていくには腕力がなけりゃ駄目よという論理がある。
岸田　というのは、人格高潔なんてまったく目には入らない低劣な奴もいるからですね。人格の価値が分からない低劣な奴に腕力で殺されちゃったらどうにもならない。
三浦　そうですね。
岸田　だから、すべての人間が人格高潔な人を尊敬するというような共同幻想が成立すれば、腕力はいらない、暴力はいらないんですが。
三浦　ということは、現実的に見た場合、腕力がなければどうしようもないということですね。

岸田　現実はどうですか。

三浦　それはアメリカ大統領選挙に明らかですね。(笑)　アメリカ大統領の第一のポイントは、タフで喧嘩に強そうということでしょう。青白いインテリというのはぜったい駄目。アメリカの場合はそれが極端じゃないかな。ヨーロッパや日本はそれほど喧嘩に強そうというのでは選んでいないように思えますね。首長の選び方に国民性が出る。ある程度の軍事力がなきゃ駄目というのが、アメリカの大統領の選び方ですよ。

岸田　そうですね。そして結局、そういう軍事力中心主義の国家がやっぱりいちばん世界を支配しているわけですよね。

三浦　でも、間抜けにも見える。

岸田　うん、まあ間抜けと……

三浦　「お前さん本当に力が強く頼り甲斐があるからさ。みんなのこと取り締まってちょうだいよ」ってみんなにおだてられて、「うん、そうだな、そうだな」っていうふうにしてやっているという、そういう「大男、総身に知恵が回りかね」というのが、たぶんいちばん近いイメージじゃないですか。でも、この大男はいつも考え込むわけですよ、なんか俺だけ損しているんじゃないか、と。威張ったうえに得までしようとは太い魂胆だ、と言われそうだけど。(笑)

岸田　そうですね。

三浦　いまや、軍隊及び武力にかんして、やっぱり岸田理論が真正面から答えなければならない段階に来ていると思いますよ。
岸田　そうですね。（笑）

国家と軍隊の起源をどう考えるか

三浦　現実的に徴兵制ができて、近代的な軍隊ができたのはフランス革命以後といわれていますよね。
岸田　はい。
三浦　もちろんその前にも中国にせよ、その影響を受けた日本にせよ、ではそういう制度ははっきりあったわけです。国家に対する奉仕のひとつとしてあった。あったにしても、近代的な意味での軍隊はフランス革命以後ということに一般的にはなっている。その前まではどっちかというと宗教軍ですよね。
岸田　宗教軍というかね……
三浦　宗教軍と傭兵。お仕着せを着た美々しい傭兵ですね。ルイ十四世とかフリードリッヒ大王の傭兵。背が高く見目麗しい連中を集めたわけですよ。一点一点に金がかかっているから簡単には殺されたくない。だから、兵隊なんて消耗品でいくら殺されたっていいというようになったのは高邁な理想に殉じたフランス革命以後ですよ。
岸田　そうですね。

三浦　ナポレオン戦争以後ですよね。そうすると、その前の方がよかったんじゃないかという気がしませんか。
岸田　前の方がよかったんですけど、それをナポレオンがぶち壊したんですよ。
三浦　もうひとつ、いまや別な問題が出てきていて、最終的な手段として核兵器があるとして、そのほかにいまや情報工学から医学薬学までたいへんに発達してきてということになると、人間の生身の身体にはかかわらないで軍隊を無力化する方法なんていくらでも出てきそうですね。そうなると、核兵器と警察機能だけで十分じゃないかっていう議論もやがて出てくるのではないでしょうか。つまり参謀本部というのがまるっきり科学研究室みたいなものになってしまう段階。
岸田　ああ、そうですね。
三浦　つまり、さきほどの腕力のあるなしでいえば、人格高潔な青白き大学の先生がヤクザのあんちゃんに一発でノックアウトされるにしても、もしもその大学の先生がスタンガンか何か持っていたら違ってくる、と。
岸田　そうか。（笑）
三浦　もうひとつ、確認したいのですが、武力、軍力というのは、国家と同じで上からのしかかってくるものですよね。下から出来上がってゆくものではない。黒澤明の『七人の侍』はその構造を描いているわけです。七人の侍がそのまま居座れば、地方権力、肥大化すれば国家権力になってゆく、そういうものですよね。パール・バックの『大地』は当時の中国のいわゆる匪賊を描いて、そういうカサブタのような権力のあり方をよく捉えている。必要悪としての国家と軍隊を考える場合、その成り立ちから考える必要があると思います。つまり、国家と軍隊というのは、カサブタのようなもので取替え可能だってことです。国家と自我の理論としての岸田理論としてはそれを分析しなければならない。軍隊は必要悪といわれたわけですが、国家が必要悪だというのは、自我が必要悪だというのと同じレベルにおいてですか。

岸田　構造的には同じだと思いますけどね。国家と自我は。

三浦　構造的には同じですけども、それが国家である必要はないわけですよね。

岸田　それは、近代国家が出来たのは近代になってからですからね。

三浦　ほんらいは何でもいいわけですか。

岸田　共同体でもいいわけです。そんなに大きくない。

三浦　共同性を保つための柱のようなものがあればいい。

岸田　というのか、メンバーがお互いに自分たちは同じ集団に属しているという共同幻想を持てるような集団であればいい。それが必要なのは、その集団に属することによって個人が成り立つからですね。それは国家である必要はないですよ。近代以前だったら村落共同体みたいなのがあったわけです。いわゆる未開社会なんていうのはそんなに大きくなかった。単位が部族だったわけでしょう。白人が来るまでのインディアンの部族とかね。そういうのでいいわけです。しかし、白人が来てインディアンの部族は白人にやられちゃうわけですからね。結局、問題は、国家のような強烈な組織を持っている方が、村落共同体のような連中に勝ってしまうということなんです。だから、国家は必要悪だというのは、悪い方が勝つということがあるからなんです。地球全体として見れば、有害な方が力が強いという非常に矛盾した状況にあるわけですよ。

開国を迫られた日本が直面した状況がそれだったわけですよ。近代国家に対抗するためにはこっちも近代国家にならざるをえないという状況。そうでなければ、インディアンのように滅ぼされてしまうわけですから。そうすると、国家は悪なんだけど、悪に対抗するためには悪にならざるをえないということになるわけですね。

三浦　それも自我の形成と同じですか。

岸田　同じだと思います。強い自我は強い自我に対抗してできるわけですからね。

三浦　つまり、支配的な自我は支配的な自我を育てる。同じように支配的な集団は支配的な集団を育てる、国家も同じだということ。

岸田　そうそう、連鎖反応。だから個人の場合も、男性的な支配的な自我を持った親に育てられたら、支配的な自我を持つわけですね。

三浦　日本は幸か不幸かインディアンを殲滅したアメリカに育てられたわけだ。（笑）

慰霊碑はいまどういう意味をもつか

三浦　ところが、靖国神社というのは、近代国家の近代的軍隊の成立に合わせて設立されたわけだけど、その根底には神社という村落共同体的なものを持っていたわけですね。日本土着のものを残したというのも近代日本と同じですね。

岸田　靖国神社が根底に神社という村落共同体的なものを持っているかどうかははなはだ疑わしいですね。明治の国家神道は、それぞれの村々と結びついていた伝統的神社の特性を剥奪し、無理やり統合して成り立ったのですから、日本土着のものをいくらか残していると同時に裏切ってもいるという点で、靖国神社の成立と、近代国家の日本の成立は同じようなものですが。

三浦　国家神道の矛盾が靖国神社に収斂している、それが結果的に、自閉的共同体の雛形、もっとも典型的なモデルになったということですね。

岸田　だから近代国家を築いたのが正しかったか間違っていたかという大問題になるんじゃないですか。

三浦　ただ、ここで伺いたいんですが、国家は戦死者を慰霊する何らかのものを必要とするわけですが、いま、お墓とかお葬式の問題とかがかなり大きい問題になっていますね。

岸田　はいはい。

三浦　それで、若い人はたいてい自分の家の宗旨を知らないですよね。

岸田　そうなんですか。

三浦　真言宗とか浄土宗とか真宗とか、知らない。

岸田　伝わっていないんですか。

三浦　伝わっていない。とくに都会ではそうだと思います。まず仏間が無くなっていますよね。床の間も無くなっている。いまの集団住宅には仏壇を置くにふさわしい場所はほとんどないですね。非常にプライベートになってきています。置くとしても箪笥の上か押し入れの中とかにしていますよね。もちろん神棚もない。
岸田　ああ。
三浦　それは趨勢としてそうだと思うんですよ。おそらくこれは全世界的なものだと思います。イスラムがそれに対抗しているけれども、イスラムには方位しかない。メッカの方角しかない。メッカの方向がどこかという矢印だけですね。まあ、それは別として、祖霊崇拝というか、祖先を祀るということの実質が薄れているのは確かです。同時に、英霊として祀られて嬉しいというような心情が薄れていることも確かですよね。
岸田　そりゃそうでしょうね。
三浦　むしろ、追悼録とか伝記とかドキュメントとか、そういうものを刊行する。あるいはそういうビデオをつくる。そういうかたちでその人間をよりいっそう端的に後代に伝える方が有意義だという考え方が強くなっていると思う。それはどうですか。
岸田　うーん、あまりそういうことは考えたことがなかったけど。そうですね。
三浦　岸田さんの考えでは、祖先を祀ることが非常に重大だというのは、それは自我の支えとして必要だからですよね。

岸田　自我の支えとしての機能が薄れてくれば、それを祀ることもそれほど重大ではなくなってくる。
三浦　ということになる。
岸田　祀ることじたいは重大ではない。あくまでも自我の問題ですからね。
三浦　靖国問題はそういう心情の変化とも関係してくると思うんです。いまの世代、それにつづく世代というのが、国家のために亡くなった人を祀るということに対して、戦前の人あるいは戦後すぐの人たちが持っていたような心情を持っているかどうか。
岸田　ああ、なるほどね。
三浦　現状でいえば、むしろ対外的なものですよね。つまり国家としてのまとまりを持った場合に、外国の貴賓が来たときに必要だということがあります。昔でいえば、訪問先でまず仏間に入って焼香するというようなことです。相手への敬意をそういうふうにして表わす。それが国家レベルではまだ残っているということですよね。
岸田　うん、そうですね。
三浦　ただし、国家レベルでは残っているけれども、一人ひとりの人間のレベルでいえば非常にそれが少なくなってきたということがあります。
岸田　ずっと少なくなっていって、そのうち消滅するのかな。
三浦　それこそ岸田さんに伺いたいですね。

岸田　だけど、自我というのは何らかの支えが必要なんですよね。

三浦　もちろん、父母あるいは育ての親にあたる人というのは人間の人格形成にあたって決定的だから、亡くなった父母、恩人を追慕するということはつづくでしょう。

岸田　つづくでしょうね。

三浦　しかしそれが、父祖を祀るというかたちで持続するかどうかは分からない。

岸田　先祖崇拝というのは、やっぱり先祖と血がつながっていて、ずっとそれが子孫までつづいていくという血の流れに対するひとつの信仰が前提にあるわけです。そういう幻想で自我を支えるということがあったから先祖崇拝とか、先祖の霊を祀るということが出てきた。自分も死んで、そのうち先祖のひとりになるから、そうしたら子孫に祀ってもらいたいという欲望も、そういう幻想のもとにあったんだと思いますけどね。先祖代々の墓とかというのはそうですね。しかし、そういう信仰が自我の支えとして重要じゃないとなると、いったいどうなるのかな。

アイ・アム・ア・ラスト・コピー

三浦　それは身近な問題ですね。「アイ・アム・ア・ラスト・コピー」という言葉がアメリカで流行っていたときがあってね。いまでも流行っているかもしれないけど。子供がいないってことですね。

岸田　それは確かに「ラスト・コピー」だ。

三浦　「アイ・アム・ア・ラスト・コピー、マイ・ハズバンド・オールソー」とか言うんですよ。ユ

ーモアをこめて。そりゃそうですよね。夫婦で子供がいないんだから、たいていは。（笑）

岸田　そういう意味で「ラスト・コピー」というわけですね。

三浦　ええ。そういう言い方があった。ところで、歴史を振り返ってみれば、それをいちばん恐れてきたのが人類だったわけですよ。

岸田　そうですね。

三浦　つまり、子孫がいなくなる、自分の墓を守ってくれる人がいなくなることに対する恐怖、それが非常に強かったと思う。

岸田　強かったと思う、いままでは。

三浦　現実的にも、子供が生まれるということは労働力が増えることを意味していたわけです。ですから、子沢山ということはそのまま富を意味していたわけです。

岸田　子宝ですからね。

三浦　その子宝の意味、子沢山ということの価値が、近代になって少しずつ変わってくる。とくに先進国において変わってくる。ポスト産業化社会になると、出生率はものすごい勢いで下がってくる。つまり「アイ・アム・ア・ラスト・コピー」と称する人が増えてくるわけです。それは自分が亡くなったあとに祀られることがなくていいと考える人間、少なくともそのことに強い執着を持っていない人間が増えているということですよ。つまり自分の墓守をしてくれる人がいないことに恐怖を感じる人間が少なくなってきたということです。これは、人間の死生観そのものが変わってきたということです。このことについて岸田さんはどうお考えになりますか。
岸田　そういう意味ではぼくも「ラスト・コピー」だ。（笑）別にそれが怖いとは思わないけどね。
三浦　そうですよ。これが靖国問題を精神分析するにあたって、もうひとつ考えなければならない面だと思います。
岸田　そうですねえ。
三浦　国家として礼を尽くすということは全世界的につづいているわけだけど、個人のレベルでいえば、いわゆる先祖代々を祀る、自分の子供にも自分を祀ってほしいから、血を絶やさないでくれというような意識は、かなり少なくなってきていると思う。むしろ、「血」の継承ではなく、「知」の継承の方にウェイトがかかってきているように思えます。こういう問題にかんしても、公のレベルではぜんぜん考えられていないですよね。公のレベルで考えているのは、出生率が低下しているからたいへんだということですよ。
岸田　そうですね。
三浦　だけど、出生率が低下したからたいへんだと言ったって、考えてみれば、明治の初年で三千万なのが、いま一億二千万ですからね。
岸田　四倍になっていますよね。だから四分の一になってもどうってことない。
三浦　しかも地球の人口が十九世紀なかばで十億くらいだったのがいま六十三億ですからね。二十一世紀の半ばには百億になるだろうと言われている。

岸田　満員になって困りますね。増えすぎて。

三浦　現実には、冗談ではなく、人類は絶滅の危機に向かっているわけですよ。（笑）そうするとね、自我の支えというようなものも大きく変容せざるをえないのではありませんか。血統を誇るなんていうことではなくなってきますよね。

岸田　代わりに何があるんですか？

三浦　それはもう知的なものでしょう。現に進行していると思いますよ。

岸田　自分と同じような思想が伝わっていけばいいということでしょうか。

三浦　ええ。とくに、書き残すということじゃないかと思います。

岸田　何かをね。

三浦　何かを残すということ。

岸田　自分史が流行っているわけですからね。

三浦　自分史も流行るし、句集、歌集、詩集、いわゆる自費出版というのが非常に多い。それから絵、映画、ビデオ、写真。そういうふうなもので、これが自分の生きた痕跡だというものを遺す人はすごく多い。おそらくそういう心情からすれば、それこそ先ほど岸田さんがおっしゃっておられた、靖国に参拝するよりも先に、自分の父親たちの日本軍はなぜこういうふうになったのか、あるいは中国が本当はどうだったのかとかいうことを克明に正確に調べる、そういうことに情熱を燃やすことになるだろう。

岸田　それはいいことですね。

三浦　それがいまの趨勢だと思いますね。岸田さんの言われる歴史上のごまかしを暴くという仕事。

岸田　そうですね。ごまかしは暴かれなければなりません。

三浦　そのうえで国家とか自我とかの仕組みがもっと赤裸々に分かればいい。

岸田　そういう方向に進むということなんだろうね。

三浦　それが岸田理論の必然ですよ。（笑）

岸田　そうすると国家が幻想であることがはっきりとしてくる。結局、自我の支えにはならないんだということもはっきりしてくる。

三浦　ええ。岸田さんが必要悪だとおっしゃっておられたその必要悪の、悪の要素の方が必要の要素の方を上回っていたんじゃないか、ということも出てくると思います。それはやっぱり天皇陛下万歳を称えて突撃するとか、自分ひとりではできないけど、集団の場合にはできちゃうんだろうと思う。

岸田　それはそうですね。玉砕も。

三浦　隣の人も隣の人も、みんなやっているという。

岸田　それだとできる。

三浦　というのは、死も、イデオロギーのひとつ、観念のひとつだからですね。試してみることができないのは観念ですよ。観念と現実が激突して白熱するなかで、集団ヒステリー的な状態になると。

岸田　そうですね。日本の軍国主義は一種の集団ヒステリーでしたからね。名誉の戦死もそうです。

三浦　その仕組みを解明するのが、岸田理論の使命だといえば、それも誇りだ、誇大妄想だといわれそうだけど。(笑)

第3章　中国、大東亜共栄圏の野望

中国が靖国参拝を非難する本当の理由

三浦　靖国問題にかんする岸田さんの見方がだいぶ分かってきました。なぜ靖国参拝を中止するのが良くないかといえば、この問題が日米中の三角形のちょうど中心に位置する問題だからだということですね。この問題について、重要なことですから多少は繰りかえしになっても、螺旋を上るように問いつめてゆきたいと思います。

岸田　そうですね。問題の発端は、中国が靖国参拝を中止しろと言ってきたということです。それに対して日本は、それは国内問題であると答えた。だが、そうではないと中国は言い張るわけです。いろいろな見方があるだろうけど、ぼくには、中国のそういう態度を見ていると、中国は、日米中の三国の力関係において、かつての大日本帝国的な立場をとっているんじゃないかとしか思えないわけです。

三浦　かつては日本vs米中だったのが、いまや中国vs日米になってきているということですね。

岸田　ええ。戦前は、日本はアジアの盟主のつもりで、建前というか看板は、欧米の植民地主義からのアジアの解放というスローガンを掲げてやっていたわけです。そういう日本の見方からすれば、中国はアジア人の敵であるアメリカの傀儡になっているわけです。それは大義に背いている。だから暴支膺懲でやっつけろというのが大日本帝国の考え方だった。

それがいまはひっくり返った。現在の中国は経済的にも軍事的にもかつての中国ではない。アメリカはといえば、イギリスが落ちぶれただけ、いよいよアメリカがのさばってきている。アメリカは昔からアジアを支配しようとしている。そのアメリカの支配を打倒して、アジア人のためのアジアを実現しようと狙っているのではないかと思います。もちろん明確に意識しているわけではないにせよ、無意識のうちにそういう狙いがある。そういう視点から見ると、日本はアメリカの傀儡であって、したがって日本はアジア解放の大義に反しているということになる。それが対日批判になっている。

だから、靖国神社参拝を非難するというのは、たんに六十年前の侵略の罪を反省してないからけしからんというような単純なものではない。現代中国の、悪く言えばアジアに対する野望、よく言えばアジア解放の理想を、日本が邪魔しているということです。アメリカの味方になっている日本をやっつけろというときのそのシンボルとして靖国参拝を叩いているわけです。昔の罪を悔いていないとか、そういうレベルのことではない。中国の真意は別のところにある。だから、靖国参拝をやめても、中国は満足しない。たとえば、本当は母親の関心を惹きたいだけなのに、「あのオモチャを買って！」と泣き叫ぶ幼児のようなものです。そのオモチャを買ってやれば、幼児はまた別の難題を持ち出す。靖国問題についての中国の真意を見きわめることが必要です。

三浦　本当に岸田さんはそう思いますか。

岸田　ええ、思いますよ。

三浦　だけど、現実的にいまの段階で中国が大東亜共栄圏政策を打ち出しているというふうには見えないでしょう。

岸田　戦前の日本はアメリカに比べると軍事的にははるかに劣勢で、当然のことながらアメリカと戦争して勝てるような国ではなかった。けれども、戦争をしたわけですよ。もちろん、海軍力とかはあるレベルには達していた。

三浦　短期決戦で決められればという感じは海軍としてはあったかもしれない。だけど、長期戦になったら……

岸田　負けるというのは……

三浦　あったでしょう。にもかかわらず、中国戦線を拡大して満州国を建てて完全に植民地化することに固執した。うまくいかない可能性が高かったにもかかわらずそれに固執したのが陸軍だったというのが岸田理論じゃないですか。

岸田　日本軍部の主観的な見方と客観的な条件とはだいぶ違っていた。軍部は舞い上がっていましたからね。軍部は、アメリカと開戦して緒戦でうまく叩ければ、有利な条件で終結できるという希望的観測を持ってもいたようです。それにしても、現在の中国はアメリカと直接対決できるほどの軍備はまだ持ってないと思うんですよね。

三浦　いま現在ですね。

岸田　ええ、いま現在。かつての日本は、軽率というか、そういう野心を露骨に表現していた。そこは中国の方が老獪であって、そういう構想は表面には出していない。だけど、台湾の問題にしてもチベットの問題にしても、中国がなぜあんなに拡張主義的なのか考えていくと、目標とするところは大東亜共栄圏の建設にあるんじゃないかとしか思えない。

三浦　ちょっと鬼面人を驚かす見方ですね。だけど説得力があるのは、ソ連が崩壊し、東西冷戦構造が終わって、アメリカの一極支配がはっきりしてきた一九九〇年代以降の世界情勢に対応しているところがあるからだと思う。アメリカ軍の世界戦略が変わって、対ソ戦略から、対アジア戦略に移ってきた。というか、近東から極東へと広がるいわゆる「不安定の弧」に向き合うようになってきた。そのなかで中国はたぶん潜在的にいちばん警戒しなければならない国でしょう。岸田理論では、アメリカは正義を振りかざすためにつねに敵を必要とするわけで、その敵のひとつに中国が浮上してきている。日米安保条約でも、ソ連に代わる仮想敵国は中国でしょう。自衛隊もアメリカ軍と組んでそういう見方を表明している。それに対して中国が神経質になるのは当然で、靖国問題もその表われのひとつだと思う。逆にアメリカ軍と自衛隊から見れば、中国は膨脹主義の潜在的脅威であって、それはそのまま岸田さんの見方と重なるわけですよね。

中国が大東亜共栄圏構想をもつ背景

三浦　とはいえ、一般に言われているのは逆ですね。鄧小平政権になって資本主義化への道を歩みはじめた、と。

岸田　そうですね。

三浦　共産主義政権下で資本主義化するという綱渡りというか……

岸田　曲芸みたいな。

三浦　ええ。その曲芸をやっていくプロセスで国内的な矛盾が拡大しているわけです。

岸田　そうですね。

三浦　たとえば豊かな地域と貧しい地域の差が大きくなる。豊かな階層と貧しい階層の差が大きくなる。知識階級と非知識階級の差が大きくなる。矛盾の拡大で不満を持つきっかけが多くなってくる。その内政の矛盾を外交に振り向けるために意識的に反日を煽っているという見方がありますね。

岸田　はい、ありますね。

三浦　江沢民政権になってから、教科書そのほかにおいて、日本批判を鮮明に打ち出すようになったと一般的に言われています。そういうことを考え合わせると、とても大東亜共栄圏構想を打ち出すほどの余裕はないんじゃないか。それとももうひとつ、かつての日本vs米中という図式がいまや……

岸田　中国vs日米……

三浦　そういう図式に変わったというのは、アメリカの世界戦略の変化から見てもとても示唆的だと思うけど、しかし、事実としていえば、そもそも一九七二年のニクソン大統領の訪中段階で、日本の頭越しに中国とアメリカが結びつくということがあったわけですね。以後は、むしろ米中関係は強まる方向に動いているようにも見える。日本だけが勝手に、日本とアメリカは一体となって中国に対していると思い込んでいるだけでね。

岸田　アメリカは迷っているんだと思います。あくまでも日本と同盟して中国と敵対するというように決めているわけじゃない。だいたい、アメリカはいままでずっと、アジアにおける主要国である日本と中国に対して、あくまで日本と中国を仲悪くさせておいた上で、どっちに味方し、どっちに敵対するか、そのときそのときの条件を考えて決めてきた。そうすることで日本と中国を操ってきた。これは、ドイツとフランスとを対立させ、強い方を抑え込むというかつてのイギリス外交の基本方針を踏襲しているのかもしれません。いずれにせよ、アジアにおいてアメリカを有利にするには、どっちを援助してどっちを味方につければいいのかということは、その場その場の情勢判断でいろいろ変わってきていると思う。あのときは佐藤栄作政権で繊維問題とか沖縄返還問題とかいろいろあった。ニクソンとしては沖縄返還で相当な譲歩をしたつもりだったのが、それに見合うものを佐藤から引き出せなかったので最後まで不満だったわけですね。

三浦　そこで逆に懲らしめてやろうと思った。(笑)

岸田　ええ。それで、お前がアメリカの言うことを聞かないなら……

三浦　この手もある。

岸田　この手もあるぞ、ということを見せたのがニクソン訪中だったんじゃないか。当時はまだソ連が崩壊していないわけだから、ソ連との対抗というのもありましたよね。

三浦　ソ連と中国は緊張関係にあったから、そういうことはあったと思いますよ。いわゆるゲームとして、三人のプレイヤーがどういうふうに組むかと考えた場合……

岸田　ロシアも入れて四人のゲームかもしれないね。

三浦　そういうことで言えば、韓国、北朝鮮も入って、六ヵ国という問題になるでしょうけど、そういうゲームとして考えた場合、視点をどうとるかということでは、すべての可能性を考えるのが外交の鉄則です。だから、岸田さんの観点、かつての三国関係が逆転しているという可能性もよくよく考えてみた方がいいとは思います。しかしそれと靖国問題との結びつきですね。中国は日本とアメリカが組んで軍事的に包囲していることを見せつけていると受け取っているわけです。歴史的には中国は、いわゆる膨脹政策を一貫してとる国ではなかったですよね。

岸田　中国は古代からずっと中華思想で、俺様が世界の中心だといって威張っているわけです。欧米とは違って、わざわざ他国に出かけて植民地にするということは歴史的にはやってこなかった。しかし、攻撃者との同一視ということがある。中国にかんしてはこれが決定的だったのではないかと思います。近代になってイギリス、日本に侵略された。すると、それをコピーして、かつてやられたようにやり返すようになるんですよ。近代中国はそれ以前の中国とは違うわけです。少なくともこの面では近代国家になっている。つまり、イギリスや日本にやられたやり方を模倣している。それはものすごい屈辱感だったと思う。俺様が世界の中心だと思っていたところが、ヨーロッパの小さな島国であるイギリスごときにアヘン戦争でボロ負けするし、属国だと思っていた日本に侵略される。その屈辱感はものすごく大きかった。それを覆すには、自分がやられたようにやり返すしかない。だから中国は無意識にイギリスや日本のコピーをすることになった。

中国が近代までは侵略国家じゃなかったっていうのは確かで、植民地をずっと遠いところまで広げて、中国の領土にしてやろうなんていう野心のある国ではなかった。もっと泰然自若としていて、頭を下げて貢ぎ物を持ってきたらさらに多めのお返しを与えて、俺様の方が偉いんだと見せつけて保護してやるというような態度だった。ところが、そういう中国の態度がイギリスに撥ね返された。かつての泰然自若とした中国の態度はそこで放棄されたんじゃないかと思うんですけどね。

中国大東亜共栄圏はアメリカのつくった幻影?

三浦　そういう考え方もありうると思います。それで、中華人民共和国になって、たとえばベトナムに侵攻したりしたのかもしれません。中国共産党による一党独裁をやっているということにかんしてもそうかもしれません。でも、北朝鮮が大日本帝国のコピーになったほどのコピーにはなっていないという感じがしますよ。

岸田　しかしベトナム侵攻の場合も、懲罰という言葉を用いているんですよ。つまり、ベトナムに対しては、単に攻撃しているのではなく、処罰しているつもりだったわけです。アメリカがベトナムから手を引いたあと、ベトナムがカンボジアに侵攻し、ポル・ポトを攻撃した。中国はそのポル・ポトと結んでベトナムを攻撃したのですが、そのときに処罰するという言葉を使っているのです。歴史的には、中国のベトナム侵略はそれが初めてではない。ベトナムは歴史的に何度か中国に侵略され、支配され、押し返したりしたりしているんですね。

三浦　ベトナムは語源で言えば越南から来ているでしょう。だから文化圏としては中華文化圏。

岸田　中国はベトナムを自分の文化圏だと思っていたんですよね、かつては。

三浦　いや、たぶんいまでもそうですよ。日本に対しても自分たちの文化圏だと思っていると思いますよ。

岸田　自分の文化圏のところへ行っただけなんです。今度の靖国参拝批判にしても、いわば懲罰のためにしているわけです。中国が懲罰という言葉を使ったということは、自分が正義の立場に立っているという意思表明です。正義の立場に発する相手の要求に従うと、相手は満足して一件落着となるのではなく、ますますその要求はエスカレートします。その懲罰という発想が、かつての日本の暴支膺懲にたいへんよく似ている。暴支膺懲というのは支那が暴れるから懲罰するという思想ですよね。

三浦　ええ。

岸田　そういうかつての日本の思想が間違いだったとすれば、中国の靖国参拝批判にしても間違いだということになるでしょう。

三浦　うーん。

岸田　チベット侵略のことは、ぼくは実際のところよく知らないけど、非常に残虐だったと言われていますね。大量虐殺しているようです。中国はチベットに対してそういうことはかつてはしなかったんじゃないかな。

三浦　いや、それはそうでもない。日本は島国で閉鎖的な国だったから、実質的な鎖国を何度か繰返していて、内部においてはそういう残虐行為はあまりなかった。せいぜい信長くらいでしょう。いわゆる城の作り方にしても、攻守に全力をあげて築城しているのは限られたときです。県というのは中国の場合は城砦都市の意味です。そんなものは日本にはない。残虐性において中国が日本を上回るのは確実です。信長にしたって、残虐性においては、秦の始皇帝の足もとにも及ばないでしょう。いずれにせよ、中国史というのは、農耕民と遊牧民のほとんど定期的な抗争によって成立しているわけですから、そこはヨーロッパと同じだと思います。

だけど、中国が大東亜共栄圏構想にもとづいて靖国参拝中止をそれほど言ってくるという見方はぼくにはちょっと解せないですよ。逆に、中国の膨脹政策というのは日米同盟が浮かび上がらせている幻のようにさえ見える。

岸田　日本が、戦後、中国に対して罪悪感を抱いていて、悪いことをした、すまなかったと思っているのは事実ですね。その日本がアメリカの傀儡になってアメリカの味方をしているわけです。それは日本を叩くにはいちばんいい材料じゃないですか。「お前らは悪いことをしたんだから、引っ込んでいろ」というのは。

三浦　しかし中国の論旨は、建前にしても、日本が中国に対して本来的な意味で謝罪していないということじゃないですか。つまり、「お宅のお嬢さんを殺しちゃって本当に申し訳なかった」というようなことを、日本が本格的な意味では言っていないということじゃないですか。中国の本音がどうであれ、その建前を真摯に受け止めて得をするのは日本の方ですよ。わが身を振り返るのはいいことなんだから。

岸田　でもODA（政府開発援助）って、事実上は賠償ですよね。

三浦　事実上は賠償といっても、金の大半は貸しているのであって、中国は返還もしているわけですよ。

岸田　しかし相当な経済援助はやっているわけでしょう。

三浦　見方によるでしょうが、極端に多くはないと思いますよ。それに、そのことを強調するのは、罪を犯しても金を払えばいいだろうというように響きますよ。

戦後は終わっていない

岸田　謝罪というのは、じゃあ、どうすれば十分な謝罪になるんですか。

三浦　何よりもまず事実関係の調査でしょう。虐殺はもちろん、毒ガスとかいろいろあるんじゃないですか。第二章での岸田さんの見解でいえば、軍部だけが悪くて日本人民も犠牲者だったというのが嘘だとすれば、真実はどうだったのかということが出てくるでしょう。それを明らかにしたうえで、謝罪するということじゃないですか。本当はそのことがあるんじゃないですか。

岸田　本当は……

三浦　中国にもそれを恐れる気持があるのかもしれない。四十年近い昔の話になりますが、吉田健一さんが、中国はいずれ経済復興するだろうが、復興のインフラはぜんぶ日本軍と満州鉄道が作ったものだと言っていたことがあります。まわりの人があせって、いまはそれを言ってはまずいんですと、とりなしていましたが、そういう問題はお互いにあるでしょう。調べてゆくと、日本が悪いことだけしたわけではないことも明らかになる。見方によっては良いこともしたんだ。場合によっては、中国の方がまずかったこともあるだろう。何もかも含めて明らかにしなければならないことが多すぎるということじゃないですか。多くのことがはっきりしていないんですよ。

岸田　本当にまだはっきりしてないですね。

三浦　それは蒸し返されうる問題なんですね。なぜなら、岸田理論のいわゆる神経症的な回路に入ってしまっているからですよ。決定的なのは、その是非はあとで議論しますが、戦争裁判そのものがぜんぜん戦後処理になっていなかったということだと思います。そのために、とりあえず事態を収拾するためにお互い嘘をつくというか、建前を言い合うという状態がつづいた。臭いものに蓋をした。これがいちばん問題だったと思います。その象徴が靖国問題であるということになる。日本の戦前の精神が罰せられることもなく、まったくそのまま堂々と残っているわけです。だから従軍慰安婦問題であるとか、強制連行問題であるとか、未解決の問題が次々に出てくる。はっきりさせていないからです。

岸田　そうです、そうです。

三浦　それは後ろめたさをそのままにしているということです。お互いがお互いの過去を精神分析的に直視していないということだと思うんですよ。なぜなら、東京裁判も横浜裁判も香港裁判もシンガポール裁判も何もかも、戦争裁判のほとんどは、日本と中国、日本とアジアの関係を論議するために行われたわけではまったくなくて、日本と欧米列強、とくに英米との関係を論議するために行われただけだからですよ。簡単に言えば、アメリカ、イギリス、あとオランダ、オーストラリアといった国々が、負けた日本に徹底的な腹いせをしたようなものですよ。これらの国々にとっては、要するに戦時中の白人捕虜の扱いだけが重大だった。日本が東アジア、東南アジアにおいて、とくにアジア人にいったい何をしたか、それを克明に追跡するなんてことではなかった。連中にとってそんなことは関係ないことだった。それは、その後、アメリカが朝鮮戦争やベトナム戦争で何をしたか見ればすぐに分かることです。彼らは黄色人種を人間だとは思っていなかった。少なくとも、一九四五年当時は、そうは思っていなかった。ぼくは一九八〇年代にニューヨークにいたけれど、その段階でもそうですよ。そんなことはないという人がいるかもしれないけれど、それは鈍感なだけです。

要するに、太平洋戦争後の戦争裁判において問題となったのは、戦場となった国々のことではなくて、そこに出かけてきてさんざん暴れまくった白人の欧米列強が、分をわきまえずに挑戦してきた細腕の黄色い日本人を半殺しにしたうえで、自尊心まで徹底的に傷つけただけですよ。実際に被害にあったのは戦場になった東アジア、東南アジアに住んでいて犠牲になった人々ですが、彼らに対する戦争犯罪にかんしてはほとんど一顧だにされなかった。というのも、戦争犯罪をした当人たちが戦死しているし、それを追及しはじめれば、それ以前の欧米列強の犯罪的な植民地政策も明るみに出てきてしまうからです。

裁く側にはもちろん中国もいたわけだけど、その中国がほとんど何もしなかったのは、本国そのものがそんなことをやっている暇がなかったからですよ。国民党と共産党で内戦状態なわけですからね。レーニンじゃないけど、戦争から革命へというのがコミンテルンの基本的な考え方だったわけです。中国共産党にとっては、日本はもちろん憎むべき帝国主義者だったけれど、内戦をもたらし混乱をもたらすことによって中国人民を目覚めさせた必要悪でもあった、そう見ることさえできるわけです。だから、国民党に捕まった日本軍の敗残兵は軍事協力すればよかったし、共産党に捕まった方は人民教育を受けて釈放されたわけです。

したがって、東京裁判を本当に批判するとすれば、勝者は敗者を裁く権利があるかどうかとか、そんな高級な話である必要はまったくない。たとえていえば、路上で喧嘩していた連中が人の家にまで入り込んできて喧嘩をつづけ、その家を目茶苦茶にしてしまったあげく、とにかくその喧嘩の決着をつけた。そう思ったら、勝った方が負けた方の身ぐるみ剥いでそれでサヨナラしてしまって、あとにはただ目茶苦茶にされた家だけが残され、そこに住んでいた人間たちは茫然として虚脱状態になってしまったというようなものですね。こういう決着の付けかたがあるかという批判がまっとうな批判であって、そういう批判が出てこないのは、勝った方も入り込んだその家から長年にわたって相当なものをくすねていたからですよ。あまり細かく詮索するわけにはいかなかった。

岸田　ええ。アジア人に対しては欧米人は日本人よりはるかにひどいことをしているから、その点にかんして日本人にそんなに強く出られなかった。

三浦　ええ。そのうえ、東京裁判にしてもニュルンベルク裁判に比べれば軽かった。ドイツに比べて日本の方が軽かった。なぜかといえば、東西冷戦構造ができちゃって、そのあとのことを考えたら厳しくするわけにはいかなかったわけですよ。東西ドイツよろしく東西日本にするなんてことになったらたいへんなわけだから、基本的には、天皇の戦争責任も含めて穏便にするほかなかった。追放した戦犯にしても、数年で解除して、とにかく日本を東西冷戦に備えるための前線基地にすることが急務になってしまった。これが、岸田さんの言われる、勝者がよってたかって戦後をうやむやにしてしまった根本的な理由だと思います。日中より、勝者である英米の責任の方が大きい。

東京裁判批判の論理

三浦　平和に対する罪を問うたA級戦犯を扱った東京裁判にかんしてはもちろん、いわゆる戦争犯罪を問うたBC級戦犯裁判についても多くの本が刊行されています。最近、林博史さんの文字どおり『BC級戦犯裁判』という本が出ましたが、ああ、そうだったのかというポイントがたいへんよく分かります。

中間クラスはほとんどが無罪放免なんですよ。罰せられたのは尉官クラス、下士官クラスが多かったのではないでしょうか。つまり、実際に犯罪を特定されるのはそういう人々だったわけです。それも、厳罰にされたのはアメリカ軍捕虜を虐待したとされる連中ですね。

岸田　ＢＣ級は千人くらい処刑されたようですけどね。

三浦　ですから、犠牲になった人々の数に比べて極端に少ないという声があったわけです。ただ、ＢＣ級にかんしては裁判を行うことが難しいということもあるわけですね。証拠、証人、犯人の特定、ぜんぶ難しい。しかも、さきほど申し上げたように、中国の方は中華民国と中共で抗争状態になっているから裁判自体が十全に機能するってかたちじゃなかったわけです。日本軍が中国でやったことは相当なものだったと思う。ベトナム戦争のアメリカ軍によるソンミ村虐殺事件どころじゃないだろうと思う。

岸田　悪いことはあちこちでやったでしょうね。

三浦　だけど、戦争犯罪を立証し裁判に持ち込むのはたいへんです。シンガポールならシンガポールで起こったこととか、香港なら香港で起こったこととかは、中国人のほかに英米人が証人としていて個別的に報告されているから、まだはっきりしている方でしょうけれど、だけど、それでもアメリカ軍とイギリス軍の主要な関心事はアメリカ人とイギリス人でしかない。（笑）

岸田　まあ、そりゃそうだね。

三浦　中国系の住民としては、俺たちは千人も殺されたのに、処罰されたのは一人か二人ではないかという不満はあったでしょうね。だけどそれを上回る戦争犯罪は中国本土、とくに東北部から中原にかけては多かったのではないでしょうか。具体的に虐殺事件として記録されているものが相当な数に上るでしょう。けれど、そのほとんどがうやむやになってしまっていると思いますね。まさに戦争のどさくさ、戦後のどさくさで。

岸田　裁かれていないと。

三浦　ええ。東京裁判が扱った東条英機以下二十八名というのはいわゆる平和に対する罪で、B級、C級にかんして言えば、アメリカ軍とイギリス軍が関心があったのは本国の親類縁者の気持を鎮めなければならないという気持の方が強かったのではないでしょうか。しかも、それをやっているうちにソ連がのしてくるわけですから、こんなことやっていられないよということで、結審が早まり、四、五年で終わる。

岸田　そうですね。

三浦　中国人以上に、朝鮮人に対する犯罪ですね。強制連行問題にしても従軍慰安婦問題にしても、何をいまさらなんて思うのはとんでもない話で、犯罪として摘発されることなく何十年も来てしまったということの方が恐ろしい。戦犯裁判の法的根拠を問題にするよりも、なぜ日本人はそういう残酷なこと残虐なことが平気でできたのかという問題を考えなければならないはずでしょう。そういうことをした連中の多くは、戦後も、経営者として政治家として悠々自適の生活をしているわけですから。そういうのをぜんぶ不問に付してきたわけですよ。不問に付したうえで、こんどは公明正大にかつての侵略戦争の精神的支柱となった靖国神社に参拝するというのでは、反省も何もしていない、そもそも反省する意志がないと思われて当然でしょう。実際、日本はアメリカに負けたのであって中国や朝鮮に負けたわけではないと思っている。にもかかわらず中国なり朝鮮なりがあたかも戦勝国のように振る舞うことが許せないと思っているのではないですか。

中華人民共和国における戦犯の扱いは人道的だったようで、悲惨だったのはむしろソビエトに抑留された連中の方だった。中国共産党は人民教育を施したというわけですから、かっこよくしたつもりだったでしょう。それを靖国神社参拝というかたちで返されたのでは、恩を仇で返されたと思われてもしようがないんじゃないでしょうか。

日本人は反省しているか

岸田　しかし、中国が靖国神社参拝を非難するのは、A級戦犯が祀られているからということでしょう。実際問題、中国でひどいことしたのは下っ端の連中です。A級戦犯はいわば平和に対する罪とか人道に対する罪っていうことで……

三浦　大東亜戦争を起こした……

岸田　ことで裁かれたわけです。A級戦犯はむしろ、アメリカのアジア戦略に楯突いたことで戦犯にされたわけで、中国に対してとくに悪いことはしていない。中国でいろいろ悪いことをしたのは下級将校とか下士官とか兵隊ですよね。なぜ、そういう人々が祀られていることには文句つけないんでしょうか。

三浦　中国人には、世界の果てまで行ってもアイヒマンを探し出して引きずり出すというようなユダヤ人ふうのしつこさがないということでしょう。つまり何々村で何百人殺した、何々町でこれだけ残虐なことをした、その責任者は誰それである、というふうな執拗さで調べあげるという、そういう一神教的な追及の仕方はない。詳しいわけではありませんが、中国でそれが感じられるのは南京の虐殺記念館くらいじゃないでしょうか。要するに神に対する正義というよりは人に対する礼儀が優先されるというか。だから、日中戦争の最終責任者はA級戦犯であるとする、その戦争責任の象徴的な人々は裁かれた、国家レベルでは一件落着、それでは次に、という論理でしょう。中国でひどいことをした下っ端の責任もA級戦犯が取ったという判断でしょう。ところが、その象徴的に裁かれたはずの人々が神として祀られているだけではなく、そこを首相が参拝するとなれば、これは穏やかではないですよ。ぼくが中国人だったら怒りますよ。礼儀に反する。

実際、日本人は少しも反省していない。なぜ南京大虐殺が起こったのか、その心理学的研究がロングセラーになったなんてことはない。岸田理論でいって、トラウマを解決しなければならないのは中国側である以上に日本側でしょう。歴史的に見ても日本人は温和な民族であるという印象しかないですよ。それが、ひとたび外に出ると本当に考えられないほどに残虐なことをしてしまう。それは、泥酔状態になって暴行を振るったとか、そういうことに近いかもしれない。なぜそういうふうなことが起こったのか。それはしかし、日本人に限らないのではないか。人間はみんなそういう要素を持っているのではないか。そのことは、以後、朝鮮戦争、ベトナム戦争、コソボ紛争、あるいはアフリカの連続的な部族闘争、イラク戦争と、とにかく枚挙のいとまなく同じようなことが起こっていることからも分かる。だけどそういう他人のことはともかく、自分の身に起こった一種のヒステリー、酔っぱらって行なった乱暴狼藉については、不安だから調べてみなきゃいけないと思うべきでしょう。調べてみて何が問題だったのか考えなくてはいけないということがあるじゃないですか。それをやっていないということですよ。

岸田　日本がね。

三浦　ええ。じゃあ、なぜ考えることをしないのだろう。岸田理論でいえば、こんどはその問題が出てくるわけです。戦勝国の方は、悪かったのは東条英機をはじめとする旧陸軍の中枢部であって、他はみんな良心的な人で被害者だったと言ってくれた。多くの日本人が、そうだそうだと言って、それに飛びついた。戦後だいぶたって、中国に対しても同じ論理で接して、これだけお金を貸すから勘弁してくれと言った。そういう建前の連続で、実質的な反省なしにやってきた。だから、アメリカがどういうふうに日本を追いつめたのか、追いつめられたときに日本人はどういうふうに逆上したのかということにかんして、十分に分析はされていない。なぜ日本人はそういう根本的な考察を避けようとするのか。岸田理論でいった場合、それがいちばん重要な問題として出てくるわけでしょう。

岸田　アメリカの卑劣さ、残忍さの問題を追及しようとしないのは、いま、アメリカの属国だからですよ。アメリカと開戦するずうっと以前から、アメリカは日本の、ひいてはアジアの真の敵だということは分かっていたのですが、アメリカは強そうで怖いから、アメリカを攻撃する前にまず、アメリカがアジアの敵であることが分かっているはずの中国の協力を得ようとしたら、中国が日本にではなく、アメリカに協力するというんで、カッとなったっていうことなんですけどね。

中国が膨脹政策をとることはありうるか

三浦　岸田さんは、こんどはそれが逆になって、中国がアジアの盟主として振る舞おうとしているときに、日本がアメリカに協力するというんで、カッとなったっていうことなんだという論理ですよね。だけど、日本がアメリカに協力する、それこそ属国なみになったというのは、戦後占領以降、一貫しているわけですよ。とすれば、日本がアメリカと組んだからカッとしたということはありえないんじゃないですか。それこそ、最初から日本はアメリカの不沈空母なわけだから。

岸田　かつて中曽根首相がそんなことを言っていましたね。それがなぜ、突然、アメリカと組んでいることが気になりはじめたのかというと、具体的に中国がアジアの支配権を持とうとしはじめたからですよ。現実に軍事力を強め、軍事的、経済的にアジアに支配力を及ぼそうとしはじめたので、日本がアメリカにくっついていることが非常に目の上のタンコブになってきたんだと思いますよ。もしも日本が犯罪を少しも悔いていない、反省していないと思うのなら、はじめからそう言えばいいのにそうではなかった。ということは、客観的につねに同じ程度に非難してきたわけじゃないということで、その事実は、中国の側に変化があったということでしょう。それはアジアに支配力を及ぼそうとしはじめたからだとしか思えない。それにともなって批判が強まったということですから。
三浦　中国が大東亜共栄圏政策を自分で意識しはじめて、初めて日米の関係が非常に邪魔なものとして見えてきたというわけですね。
岸田　はい。もちろん、三浦さんが言うように、日本が中国やアジアで本当に何をやったか、日本人自身が追及していないことは確かですけどね。
三浦　もちろん政府というか公には追及していない。だけど、日本人でもちゃんと追及している人もいるんですよ、民間人で。ぼくは日本人も捨てたものじゃないと思いますよ。中国本土にかんしてはもちろん難しい。いまも共産党がすべてを掌握している国ですから、そんなに簡単に客観的な調査ができるはずがない。だけど、フィリピン、シンガポール、インドネシア、マレーシアとか、そういう地域にかんしていえば熱心な日本人が研究を行なっていると思います。ただ政府は援助しない。遺骨やなんかにかんしては援助するかもしれないけれど、日本人が行なった戦争犯罪の調査に協力はしていないんじゃないかな。そういう研究者を見ていると、靖国問題にかんして、強制連行の問題にかんして、従軍慰安婦の問題にかんして、日本人はまったく未解決のトラウマを持っていると思います。
　それはたぶん、中国も持っているのではないかと思います。下手に調査するわけにはいかないというところがある。ただ、どう考えても、いまの段階で中国が大東亜共栄圏というか膨脹政策をとるとは……

岸田　思えない？

三浦　ええ。それは日本とアメリカの軍事戦略が対中国に変わったせいだと考えた方が実情に近いと思いますけどね。というのは、いま中国が伸びるとすれば経済的に成長するしかない。その経済的な成長には日米の協力が欠かせない。のみならず経済的成長というのは膨脹政策とは相容れない。岸田さんのおっしゃるように、加害者に対する自己同一視で、かりに日本のやったことをそのまま模倣するという衝動がかかるとしても、それは危険だと思うんじゃないでしょうか。経済的な問題を考えた場合、それよりは資本を導入する方が先だと考えるのではないでしょうか。

岸田　それは中国が合理的に動いていると考えるとすればそうなんです。だけど、国というのはそんなに合理的に冷静な利害打算で動くものなのかな、ということです。日本だって、合理的に考えていれば、アメリカと戦争するなんて馬鹿げたことをするわけがないんですよ。衝動にかられて馬鹿なことをするんです。個人が酔っぱらうのと同じでね、国だってけっこう馬鹿なことをしているんであって、中国だってそんなに合理的に動いているとは思えないんでね。そういう衝動で動くっていうのは、国家も個人も似ているんです。

三浦　だけど、いまの経済的な発展を見ていると、やっぱり根本的な問題としては、共産主義という国是が持続できるかどうかではないでしょうか。そっちの不安の方が大きいとぼくは思うけど。つまり金正日と同じで。

岸田　だから共産主義政権の維持のための膨脹主義なんですよ。いわば膨脹することによって維持しようとしているわけで。だから、それこそ大東亜共栄圏構想と共産主義は矛盾しないと思いますよ。矛盾しないというか、軍事的に共産主義政権を固めようとしていると考えても不思議はないと思うんだけど。

三浦　だけど、中国共産党の現在の政策は、いかに円滑に資本主義化して、その矛盾を最小限に食い止めるかに、気が変わっちゃっているでしょう。

岸田　変わっていると思いますけどね。

三浦　たとえば反日暴動とかが起こった場合、最初は「もともと日本が悪いのだから、暴動が起こるのは当たり前だ」と言っていたわけです。でも、それがあまり行きすぎちゃって、観光客はこなくなる、資本は入ってこなくなる、工場は移転するということになったら、こんどは慌てて、沈静化をはかったわけでしょう。その経緯を見ていると、それはもちろん国はどう動くか分からないところがあるけれど、それでいちばん困っているというか、危機感を強めているのは、むしろ中国共産党そのものでしょう。

岸田　それはそうですけどね。だけど、そういう危機を解決するためにどうするかという場合、そんなに合理的な決断をするかなあ。

中国は日本の自尊心を傷つけたい?

三浦　向こう側が靖国問題をカードに使うとすれば、それを使わせないようにすればいい。靖国神社そのものを廃止すればいいという考え方についてはどうですか。

岸田　しかしそこはやっぱり、日本は、明治のときの出発点で、欧米諸国の軍事力に脅迫されて、軍事的に強くならなきゃいけないと思ったわけですよ。それが正しいかどうか知らないけど。そしてその線に沿って近代日本というのを築いてきたわけですね。それが軍事大国になって最終的にアジアを侵略して大失敗に終わったんだけど、それが初めから一〇〇%間違っているとなると、近代日本としてのアイデンティティが崩れるんですね。

三浦　でも、はじめから間違っているというのではなくて、あのときはそれでよかった。

岸田　やむをえなかった。

三浦　それはイギリスにしてもフランスにしても植民地問題にかんしてぜんぶそういう考え方ですよ。あのときはしようがなかった、だけどいまは違う、もう少し大人になったという考え方です。あのときはしようがなくて婦女暴行したと。

岸田　ははは。

三浦　そのあとに、婦女暴行した場所に記念碑か何か建てて、それにお参りするのは婦女暴行したことを忘れないためだというのはおかしいよ。被害者ではなく加害者の記念碑を建てて、以後、強姦しないためにお参りしているんだという論理でしょう。そう見えちゃうよ。小泉たちは違うんだと言っても。

岸田　三浦さんの譬え話はおおげさすぎておかしいよ。中国で女の子を強姦した日本兵はたくさんいたかもしれませんが、強姦した日本兵だけが祀られているわけではない。とにかく、日本としては、国体というのはナショナル・アイデンティティだけど、国家としての自我というか、それを守るのがやっぱり富国強兵だったわけですね。その政策で軍事力を獲得して、日清・日露戦争に勝ってようやく不平等条約を解消した。いわば軍事力は不平等条約の解消のために必要だったのです。そういう、国としてのアイデンティティを守るための軍事力が、やがて侵略に使われていくわけです。しかしそれは実際問題として区別がつかないと思うんですよ。だって、個人の場合にも自我を守って生きているわけだけど、自我を守るっていうことは他人の自我と対立するってことでもあるわけで、それが国家における軍事力でもあるわけですが、どこまでが必要最低限の軍事力であって、どこから以上は過剰であるとかという境界線はなかなか決められるものじゃない。実際、そんな境界線なんてあるのかなあ……

三浦　だけどそれは、人間は、自分の自我を支える幻想がどのようなものであるべきか考えなくちゃいけないということですよ。靖国神社がいちばんいい幻想かどうかということです。靖国神社に象徴される近代日本のプロセスが自己像としてもっとも好ましいかどうか。それを選ばなければならないのは国民ですよ。それが岸田理論でしょう。あなたがたがもしも別個な理想を持ってそれを支えにしていくというのだとすれば、それを明確にしなさいと。アイデンティティがなくなったら困るからということで昔のものをそのまま使うというのは、中学生になっても赤ん坊の頃の縫いぐるみを手放さない子供のようなものでしょう。小泉純一郎にはそういうところがあるけど。(笑)

岸田　縫いぐるみをいきなり取りあげると、赤ん坊にとってはたいへんなトラウマになるんで、赤ん坊がある程度精神的に成長するまで待たなければなりませんが、それと同じで、小泉がああいうかたちで靖国神社の参拝をはじめたということも問題だけど、中国がそれをまた批判したということも問題でね。靖国神社参拝にかんして外国の批判が強くなったからそれで止めるというのは、よくないですよ。日本側としては非常にプライドが傷つくというところもあると思うんですね。

三浦　ぼくはぜんぜん傷つきません。小泉は傷つくかもしれないけど。（笑）

岸田　三浦さんは傷つかないでしょうが、靖国神社参拝にかんして世論は賛否相半ばしているそうですから、国民の半分は傷つくんじゃないですかねえ。それに、日本国民全体として、中国の言いなりになったという感じがするんじゃないでしょうか。

三浦　ぜんぜんそう思いませんよ。「ああそうか、あなたから見ればそう見えますか、それは失礼しました」と言って、「そう見えるのは本意じゃないから止めましょう」と言えば済む問題ですよ。つまり「足を踏んでいたことに気がつかなかった。ごめん、ごめん」と言えばいいだけでしょう。だって向こうは痛いって言っているわけだから、それをやられると古傷を思い出しちゃう、と。

岸田　足を踏んでいるのかどうかということもあるからね。

三浦　足を踏んでいるんですよ。国家は幻想だけど、国家の痛みも幻想なんだから。幻想的な痛みというのは心理的なものです。「申し訳ないけどその赤いハンカチは使わないでくれ、君の父親に殺された叔母のことを思い出すんだ」と言われたら、ふつうは、顔色を変えて謝るでしょう。それに対して「この赤いハンカチは親父の形見で……」と言い募っているようなものですよ。別なハンカチを使うのが礼儀じゃないですか。それでもなお使うとすれば、それは侮辱であり、挑戦でしょう。

岸田　それはね、中国との関係が友好的で、中国が日本の上に立とうとしていない場合それは成り立つんだけど、いまはそう友好的じゃないでしょう。

三浦　いやいや、それは逆でしょう。むしろそこで「ああ、そうだったのか。悪かった。こっちの方がもともと悪かったんだ」と言えば友好的になれるんじゃないですか。

岸田　そうかなあ。

侵略された側が隠蔽したこと

岸田　ただね、中国側の隠蔽もあると思うんです。けっこう中国側にも日本軍への協力者がいたわけね。

三浦　日本軍への協力者がいちばん戦犯裁判でやられているんですよ。

岸田　それは隠蔽しているわけですよ。彼ら日本の協力者というのは……

三浦　対日協力者にかんしてはいちばん厳しく……

岸田　だからね、厳しくやったというのが隠蔽だって言うんですよ。

三浦　ああ、そうですか。それは恨み骨髄だからね。

岸田　彼らは中国より日本が好きで、中国を裏切って日本に味方したわけじゃなくて、それが自分の国のためだと思って日本に味方したわけですよ。たとえば、朝鮮で中国（清）やロシアの力を借りて日本を追い出そうとした閔妃が虐殺されて、そのあとも親中派と親日派が対立するじゃないですか。親中派や親日派にしても、別に朝鮮より中国が大事だとか、朝鮮より日本が大事だと思っていたわけじゃなくて、どっちの味方をするのが朝鮮の利益になるかということを考えて意見が分かれていたわけでしょう。しかし、戦後、中国や朝鮮は、親日派を、あたかも祖国を裏切って、日本のために祖国に背くことを初めから目的としていたものであるかのように裁いたんですよ。それは隠蔽です。日本が侵略したというのは日本が悪いわけですけど、一〇〇％日本が悪いわけでもないわけですよ。朝鮮や中国側にも責任があるわけでしょう。

三浦　隠蔽というのは、日本に侵略されたいという心情もあったということを隠蔽しているということですか。前にも議論になったけど、とにかく被害者にも責任があるということですね。つまりね、あんなに背中丸出しで、胸元もあらわに見せているから……

岸田　だから犯されるんだ、というような……

三浦　そういうことでしょう。そんな格好して真夜中にふらふらと歩いていたら、それは誰だってむらむらっときますよ、というのは強姦の理由としてはありえても、その免責にはならないでしょう。ぼくが泥棒に入ったのはお宅がドアを開けっぱなしにしていたからだ、お宅の方こそ悪いんじゃないかという……

岸田　それは論理のすり換えですよ。ぼくが朝鮮や中国側にも責任があると言うのは、男女関係に例をとれば、背中丸出しで胸元もあらわに見せて真夜中にふらふらと歩いていたのだから強姦されても仕方がなかったという段階のことではなく、自ら求めた合意の上のセックスをあとから強姦されたと言い逃れたということです。

三浦　合意の上のセックスだったわけですか。うーん、じゃあ、かりにそうだとして、それを日本側の問題として考えるとどうですか。日本側においてそれに対応するのは、朝鮮や台湾出身の軍人に対する扱いです。朝鮮を大日本帝国に統合し、台湾を大日本帝国に統合した。朝鮮や台湾出身の軍人が日本軍とともに戦って、そして戦争裁判で日本の軍人と同じように処刑された。ところが軍人恩給も遺族年金も出ないいんですよ。中国や朝鮮は対日協力者問題を隠蔽しているというのなら、隠蔽しごまかしているのはまず日本の方じゃありませんか。責任ははるかに日本の方が大きい。つまり、会社員として雇って労災死した。だけど、見てみたら居住地域が違っていたから、お前さんは社員として認めないことにする、勝手にしろということでしょ。

岸田　それはひどいと思うけどね。

三浦　ごまかしているとすれば、日本の方がはるかに……

岸田　たとえば朝鮮人の特攻隊員もいたわけですよね。

三浦　ええ。そうだと思いますよ。

岸田　戦争末期頃だけどね。そして朝鮮人の将校もいたわけですよ。彼らは別に徴兵されたわけじゃないんです。

三浦　そうなんですか。
岸田　彼らとしては大日本帝国を信じていたし、日本軍人であることを誇りにしていました。
三浦　そうだと思います。
岸田　しかし、そこは戦後の朝鮮人が認めないんですよ。
三浦　それにかんして言えば、こっち側では何も言うことはないです。
岸田　しかし、それを強制されたと言うんですよ。
三浦　強制されたというのも、強制されなかったというのもとりあえずは向こうの論理で、こちらの方は……
岸田　言うべきじゃないってこと？
三浦　ええ。たとえば全体の状況を考えれば、英米が日本を孤立させたと。したがって日本はいかんともしがたく戦争に突入したというふうなのと同じようなことが、日本の統治下、もしくは日本に併合された朝鮮でも起こったということですよね。
岸田　大日本帝国のアジア解放の理想は、敗戦後はインチキだったということになったけれど、公平に見れば真実の要素もあり、その真実の要素に共鳴した朝鮮人や中国人もいたんですよ。
三浦　それにかんして、お前は日本が好きだったんだろう、だからお前は裏切者だというようなことを朝鮮人が朝鮮人に対して言うのはおかしいんじゃないかと。
岸田　ええ。

三浦　それこそ、朝鮮という国のアイデンティティとして彼らが考えなきゃいけないことでしょう。それをこちら側が「お前ら、隠しているだろ、おかしい、おかしい」と言う前に、日本人自身が考えなければならないことが多すぎるじゃないですか。

岸田　だから欺瞞は両方にあるってことです。同じ事態に対して。

三浦　その欺瞞にかんして言えば、最初にまず強制的に属国にさせられ、植民地にさせられ、ついには統合させられたということの方が圧倒的に大きいと思います。好きでやったっていう……

岸田　国民が一致団結して併合に反対しているのを押さえつけて統合したかどうかというのは、また別の問題です。だけど、実際はそうでもなかった。賛成者もいたわけです。だいたい朝鮮国民の大多数が反対だったら併合なんかできなかったと思いますよ。

国家の分裂、自我の分裂

三浦　朝鮮にも日本贔屓がいたことは知っています。具体的に、そういう人を知っている。朝鮮の知識階級ですね。お金持ちで、両班で、日本国債を大量に買って、非常に日本が好きで、息子をぜんぶ東京の大学に入れて、という人が少なからずいた。戦後、破産しちゃったわけだけど。だから、日本でも吉田茂みたいにね……

岸田　イギリス大好きでね。

三浦　そう。イギリス大好き。オックスフォード、ケンブリッジがいちばんというのがいるんですよ。だからといって、イギリスに統合されるのが嬉しいかというと、そうじゃないと思いますよ。イギリス・ファンなんですよ。海軍、あるいは外交官のなかに、イギリス贔屓はいっぱいいた。だけど、日本が併合されればいいとは思っていないですよ。

岸田　だから、日韓合併を行なったときに、親日派というのは、吉田茂ふうの親英派と同じようなレベルで日本のことを好きだっただけなのか、それとも日本との統合は朝鮮のためになると考えたのか、ぼくはそこらへんはちょっと違うと思うんだ。

三浦　かりにそういう問題があったとしても、それは朝鮮人、韓国人自身が考えるべき問題ではありませんか。

岸田　いや、現代の韓国人あるいは朝鮮人は絶対認めないと思いますよ、そのことを。いわば強姦されたと言っている被害者に「お前はやりたかったんだろう。お前の方から誘ったんだろう」と言われたら、被害者は怒りますね。

三浦　ちょっと待ってください。岸田さんは、たとえば中国にしても朝鮮にしても、じつは日本に侵略されたかったのだと考えているんですか。

岸田　いやいや、分裂していたんです。日本に協力すべきだと考えていた層があったということです。だから、侵略されるとは考えていなかったんですよ。汪兆銘だって、共産党からも国民党からも裏切り者あつかいされたけど、しかし汪兆銘としては日本と組む方が中国のためにはいいと考えたわけでから、主観的には愛国者であって、裏切り者じゃなかった。

三浦　でも、汪兆銘は大日本帝国に統合されたいと思っていたわけじゃないでしょう。
岸田　もちろん、統合されたいとは思っていたわけじゃないでしょうね。
三浦　だとすれば、チャンドラ・ボースだってそうですよ。イギリスと組むよりは日本と組んだ方がいいと思った。
岸田　朝鮮はちょっと違うと思う。合併された朝鮮と日本、それと日本と中国の関係とはちょっと違いますよ、それは。
三浦　うーん、その問題にかんしては……
岸田　しかしそんなことを言ったら猛烈に怒ると思うんですよ。いまの韓国人は。
三浦　ぼくはそれはちょっと考えにくいけどね。
岸田　そうですか。
三浦　あのね、たとえば小説の神さま。
岸田　小説の神さま？　志賀直哉？
三浦　志賀直哉が、敗戦の段階で……
岸田　フランス語？
三浦　そう。公用語をフランス語にした方がいいと言ったのと同じでしょう。日本語はなくしちゃった方がいいって。
岸田　占領下のマッカーサーへの手紙でも、アメリカの州にしてくれというのがありましたね。

三浦　誰が？

岸田　いろんな人がですよ。なかにはわが母校の早稲田大学の卒業生の手紙もありましたね。占領下の日本国民が当時のマッカーサー元帥に当てた手紙がマッカーサー記念館などにあって、それを袖井林二郎さんが『拝啓マッカーサー元帥様』という本に編集して出版しています。アメリカの州にしてくれとか、属国にしてくれとか、アメリカに合併してくれとかたくさんの日本人がマッカーサーに嘆願しています。

三浦　それでね、そのことにかんしては岸田理論で言えばね……

岸田　いわば分裂状態だと思うけど。

三浦　もちろん国民全体として言った場合には分裂状態になる。でも個人単位で見た場合には、バックボーンになる幻想を完全に取り替えることへの固執でしょう。つまり自分はいままでは靖国神社できたけれども、これからはワシントンの共同墓地の方がいいっていうようなものですよ。それと同じことが、日韓併合の段階で、韓国が大日本帝国の一部になるということに心から賛同した韓国人もいたはずだということでしょう。それでそのことで、岸田さんが言いたいことは、その事実に韓国が目をつぶっていることが隠蔽だということですか。

岸田　そう。隠蔽だってこと。

三浦　それは、敗戦後の日本で、日本はアメリカの属国になった方がいい、州になればもっといいと考えた連中がいる、そのことを隠蔽するのと同じだということですか。

岸田　それと同じだということ。日本人だってそういうのがいたっていうのはやっぱり手紙を見つけてきて編集して出版した袖井さんがいたから分かったのであって、それまではそういうやつがいたってことを、日本人としてのプライドに反するわけだから、日本人はなかなか認めたがらなかったということですけどね。

いま太平洋戦争はどう理解されているか

三浦　その問題からどういうふうになりますか。

岸田　だから、大日本帝国はアジアを侵略して最終的に敗北して、日本は間違ったところに入り込んだと思うけれど、しかし、一〇〇％はじめから間違っていたわけじゃないと思うということです。部分的な正当性はあったと。その部分的な正当性さえ戦後は否定された。そこは回復しなければならないと思っています。

三浦　いや、部分的正当性どころじゃない、全面的正当性だってあったと思いますよ。ぼくらは、というか、少なくともぼくは、昔からそう思っていますよ。日本はいかんともしがたい趨勢で太平洋戦争に突入させられた。つまり真珠湾攻撃自体が切羽詰まったかたちでの選択だったっていうのは、みんなそう思っていますよ。

岸田　ある観点からすれば、全面的な正当性があったと言っていいですね。しかし、ぼくなんかは敗戦のときに小学校六年生だったわけで、中学校、高校あたりは昭和二十年代ですよね。そのときの雰囲気はとにかく全面的正当性の正反対で、日本が一〇〇%間違っていたということが一般的には言われていたから、その記憶が強いのです。

三浦　ぼくらの世代では、復員してきた人たちの多くがその惨憺たる状態を語ったことの方が大きかったですね。九割方はいかに陸軍がめちゃくちゃだったかを語っている。その手先になって残虐行為をしてきたということを語っている。それに対する後ろめたさはとても強かったと思いますよ。それから自己嫌悪ですね。竹槍で討ちてし止まんとか言わせられて、そういうことをしていた自分たちに対する自己嫌悪。

岸田　一億玉砕とかね。

三浦　天皇陛下万歳で玉砕しろというふうに毎日言われてきた。ところが、十年も経たないうちに日本人はそれをさっと忘れたんですよ。朝鮮に動乱が起こっちゃって、それで岸信介が戻ってきて、首相になって、日米安保条約が締結されてという、つまり一九五〇年から一九六〇までの十年で、さーっと変わっていくわけですよ。それでもう高度成長に突入しちゃう。だから、いま岸田さんがおっしゃったことは本当に短期間のことだったと思う。一九六〇年代の高度成長の頃にぼくらは育ったわけだけど、その段階で言えば、はっきりとルーズベルトからトルーマンへ、つまりニューディール政策からその後のアメリカの政策、トルーマンの原爆投下指令まで、ぼくらはふつうに勉強していますよ。だから自虐史観でも何でもないです。日本史の教科書がどうとかなんて問題じゃない。どんな世界史を見ても、十八世紀から十九世紀、産業革命以降、列強がアジアをいかに侵略し植民地化したか、はっきり分かりますよ。事実なんだから。その前のスペインとかオランダとかは、ご愛敬の乱暴狼藉で、その後のイギリス、フランス、アメリカの収奪の仕方がいかに野蛮だったかということは、世界史をひもとけばすぐに分かる。その延長上に日本が登場して、必死に努力して、仲間に加えてくれと言ったところが、最初はいい顔していたのにすぐに仲間はずれにしてきた。それには人種問題がからんでいることも、ちょっと読めばすぐに分かりますよ。自虐もへったくれもないですよ。自虐的だとか何とか言っている連中は自己中心的なだけですよ。普通人の感覚で言えば、日本がアジア諸国の独立に多大なきっかけを提供したことは明らかです。尊敬されたっていいくらいだ。だけど、だからといって、東アジア、東南アジアで乱暴狼藉を働いたという事実が帳消しになるわけじゃない。それだけのことじゃありませんか。一九六〇年代にいちばん記憶されることは、アフリカが独立しはじめたことです。世界の独立運動の波の最後です。まず中近東が独立し、アジアが独立し、一九六〇年代にアフリカが独立した。そういう独立宣言のそのつど言われてきたことは、いかに列強の植民地支配が野蛮だったかということです。自虐史観と言ってもね、日本の国だけを見てどうのこうのというのはナンセンスですよ。そのなかで特筆すべきことがあるとすれば、アメリカの原爆投下というのがいかに非人道的かということであって、それがもっとも鮮明にインプットされていますね。

岸田　なるほど。そうですか。

三浦　ぼくのまわりの連中はほとんどそういう考え方です。

原爆を謝罪しない論理がアメリカを追い込む

岸田　広島でもね、過ちは二度と繰り返しませんって言っているだけですからね。主語は誰だか分からない。

三浦　アメリカは謝っているつもりなんでしょう。知識人は。

岸田　謝ってないでしょう。どこで謝ったんですか？　誰が謝ったんですか？　謝るのを拒否していますよ、大統領が。

三浦　だったら謝らせなきゃ。

岸田　もちろん。

三浦　なんで謝らせられないんですか。

岸田　遠慮しているんですよ。

三浦　誰が遠慮しているの？

岸田　小泉が遠慮しているんだよ。

三浦　それじゃ言語道断だよ。

岸田　歴代の首相全員遠慮しているんですよ。

三浦　そうか、アメリカ大統領は原爆慰霊碑には来ていないのか。それで朝鮮からイラクまで戦争がつづいているわけだ。

岸田　原爆慰霊碑……

三浦　原爆慰霊碑にアメリカ大統領が来ていないのはアメリカの犯罪だよ、それは。
岸田　ぼくはアメリカの大統領が原爆について謝罪は……
三浦　そうか、それならぼくは、靖国参拝なんかやめて、アメリカ大統領に原爆慰霊碑を参拝してくれるように、と言うべきだと思うね。まったく頭にくるね。
岸田　謝ったと思っていた？
三浦　少なくとも要職にあるアメリカ人とかさ……
岸田　アメリカ人の中には個人的に謝った人はいましたよ。いまだっていますよね。だけども、国としては謝っていないですよ。
三浦　つまり、戦争裁判の段階では無差別爆撃にかんしてはどちら側も黙っていることにするという話で終わっているわけだ。ドレスデン爆撃にかんしても東京大空襲にかんしても黙っていると。日本軍も重慶大爆撃だとかいろいろやっているわけだから。だからお互いそれはぜんぶなしにしようという雰囲気が濃厚に立ちこめていた。そのうやむやの雰囲気が、ずっとイラク戦争まで尾を引いているということなんだ。まいったなあ。無差別爆撃にかんしてなんとなく不問に付すという黙契があって、それが残っているのかもしれない。だけども、それと原爆とはちょっと違うからね。
岸田　おおいに違うと思うね。
三浦　質と量ともに違うからね。それはやっぱり日本としては……
岸田　日本の歴代首相も大統領に謝れという要求は出してないと思うよ。

三浦　ドイツの首相はユダヤ人の大虐殺云々にかんして国家として謝った。
岸田　謝りましたね。ブラント首相がワルシャワ・ゲットーの犠牲者慰霊碑に跪いて謝った。そういうことをやっていないでしょ、アメリカは。原爆にかんしてはね。
三浦　それがアメリカのトラウマになってベトナム戦争からイラク戦争までつづいているわけだ。
岸田　だからトラウマだと思いますよ。いまでも原爆は戦争を終わらせるためには必要だったというインチキな論理をとおしている。アメリカ人には相当なトラウマになっていると思います。原爆についてスミソニアン博物館が展示をやろうとしたら在郷軍人会などの反対運動が起きてつぶされた。原爆の悲惨に目をつぶらざるを得なかったということは相当なトラウマだったからですよ。どこかでやっぱり良心がうずいているんですよ。しかし、謝ると、自分の罪を認めることになるから正式には謝っていない。
三浦　いや、それはそうですね。そうか。アメリカ大統領は広島と長崎には来ていないんだ。これは人間としてたいへんなことだ。
岸田　と思うんですけどね。
三浦　文芸評論家として恥ずかしいね。何が文芸評論家だ。（笑）いやになってくる。とにかく、靖国神社の問題を生産的に考えるとすれば、相手側に癒えてきたかなという心の傷を思い出させるのはやめてくれ、ということですよね。
岸田　うん。

三浦　表向きであれ何であれ、論理としては。それは認めざるをえないですよ。実際、本当に中国本土で起こした、いわゆるB級の戦争犯罪にかんしてはほとんど罪を問われていないですよ。賠償もないんです。

岸田　名目上はね。

三浦　靖国問題よりまず先に、事実関係を明らかにしなければならない。小泉が本当に戦争をやらないために靖国参拝をやるんだと言うなら、それより先に戦争の事実関係を調べなければならない。直視しなければならない。アメリカも自分たちが原爆という最終兵器を生身の人間のうえに落とした存在であるという事実を直視しなければならない。アウシュヴィッツは敗者がやったことだから厳しく咎められ、ヒロシマは勝者がやったからうやむやになるというのは、正義を標榜するアメリカとしておかしい。人道に対する罪は認めなければならない。そういうことですね。

岸田　そう思いますけどね。

三浦　これだけ核不拡散だとか言いながら、自分だけ口をぬぐって何もしたことがないような顔をしているのはひどいよ。人間じゃないよ。

岸田　そうですね。でも日本は言わないからね。言わないということは、アメリカの属国だから言えないわけでしょう。

三浦　そうですよ。だからそれにかんして中国が腹を立ててたってしようがないよ。だって日本はアメリカの属国なんだから。

岸田　だから、中国は日本がアメリカの属国だってことに腹を立てているんですよ。中国側の政策としては、日本をひっくり返して、アメリカの属国でなくしたいんだと思います。属国であるってことを非難するその一環として靖国神社を持ち出してきているんだと思うんだけどね。

三浦　独立運動からはじめよ、ということか。（笑）だけどそれは、アメリカの意識を変えるところからはじめるほかないでしょうね。

共産中国はいつまで持続するか

三浦　ただ、日中関係にかんしては、経済関係の推移と今後の方向性を十分に見極めなくちゃいけないと思いますよ。中国が現在、基本的に不安定な要素をたくさん抱え込んでいることは確かでしょう。

岸田　そうですね。

三浦　共産主義という思想をアイデンティティにしていながら、面従腹背じゃないけれど、要するにそれと正反対のことをしている。それがどういうことを意味するかと言えば、資本主義の論理で中国に投資した場合、うまくいっても、必ずどこかで待ったがかかって、それをいっさい接収されちゃうという不安があるということです。

岸田　そうですね、はい。

三浦　それはやっぱり二の足、三の足を踏むようにできているわけです。

岸田　外国が投資する場合ね。

三浦　中国人自身もそうです。中国人の資本家もそうでしょう。
岸田　なるほど。中国人の資本家自身がね。
三浦　資本なり財産なりがあるレベル以上になった場合、何が起こるか分からないという不安があるとすれば、そうしたら中国人は企業も組織もコングロマリット化するでしょう。安全を図るために多国籍化をとるでしょう。香港、台湾、シンガポール、あるいはそれ以外の国に拠点を作る。その傾向は華僑勢力がある以上は強いでしょう。華僑は資本主義的に成長してきているけれど、それをまとめているのは「血」の幻想であって「知」の幻想ではない。だけど、中国は表向きは共産主義という「知」の幻想を立てている。その矛盾の方が大きいんじゃないかなあ。それは出てくるでしょう。
岸田　その矛盾は解決のしようがないね。
三浦　いずれ転覆するでしょう。矛盾が噴き出すのは、北京オリンピック後か上海万博後か、とみんな言っていますね。共産主義という思想自体が間違っていることがはっきりしているわけだから、必然だと思う。共産主義は基本的に労働に価値があるという思想です。それを前提にしている。だけど、現実に資本主義の動きを見ていけば、そんなものではないことはすぐ分かりますよ。いまのところは、まだ産業資本主義だからごまかしがきく。つまり、農村部の安い労働力が供給されているあいだはごまかしがきく。だけど、これだけＩＴ化が進んでいる以上、労働時間で価値が計れるものじゃないことは中国本土でさえも歴然としている。もともと商業資本主義が強いうえに賭博が好きな国なんだから、そうなれば速いですよ。もう、進行していますよ。それはもう解体するしかない。それは金正日のところよりもそうじゃないですか。北朝鮮はもうはっきり……
岸田　いつまでもつのかねえ。
三浦　北朝鮮について言えば、本当にあの交渉の仕方というのは、天皇制を残してくれるんだったら何でもするという言い方ですよ。金正日体制を残してくれると保証してくれれば何でもする、と。戦争末期の日本に非常に似ていますよ。
岸田　そうですね。ポツダム宣言受諾につけた唯一の条件がそれでしたね。
三浦　それも認めたくないわけですよ、ブッシュとしては。なぜかと言うと、天皇裕仁は人間だったけどお前は人間じゃない。(笑)
岸田　そんなこと言っているの?
三浦　それと同じだよ、あの言い方は。ゴロツキと言っている。(笑)いくらなんでも、天皇裕仁にゴロツキとは言わなかった。それはやっぱり血統というか、それに対する畏怖と憧憬はアメリカ人はとても強い。王様が好きな国ですからね、アメリカは。
岸田　そうですね。

古今東西、歴史教科書は国家の己惚れ

三浦　靖国参拝を擁護する岸田さんの立場がこれでだいぶ分かってきましたね。もちろん、ぼくは、その岸田理論にのっとっても、いよいよ反対なんですけど。(笑)

岸田　歴史というのは、その国のアイデンティティとつながっているわけです。個人の場合も自分個人の歴史を持っているわけでしょ。ぼくはこういう出身で、こういうふうに育ってきて、いまはこうだって、そういうのがアイデンティティを支えているわけです。歴史が必要なのは、それがアイデンティティを支えるからなんですね。なるべく客観的事実に添うようにはしたいけども、客観的事実を追求するよりはアイデンティティを支える方が重要なんです。国家にかんしてもそれは言える。たとえば、日本が明治維新のときに、軍事力に力を入れて軍国主義に走るそれなりの必要性があったというように日本人は考えていますね。そういう歴史的事情を朝鮮や中国を認めますかね。

三浦　認めますよ。それは、同じ黄色人種だからいずれ全面的に認めますよ。朝鮮人とか中国人のなかに岸田さんがおっしゃったように、日本と一緒になった方がいいと思っていた人たちがちょっとでもいたとすれば、その論理に賛同したからでしょう。それ以外にないですよ。白人の横暴に待ったをかけたのは日本だったんだから。

岸田　それは公式にやっぱり中国政府が、認めるかどうか。認める人はいると思うけどね。

三浦　少なくとも共産主義が廃される段階で認めるでしょうね。何年先かはっきりは言えないけれど。数十年もしないうちにそれが起こりますよ、当然。

岸田　戦争からまだ百年もたっていないわけですからね。いま歴史教科書の問題でどうのこうのとか言っているけども、日本の『新しい歴史教科書』に文句をつけているんですか、中国は。

三浦　いや、中国も韓国も文句をつけているかも分からないけども、国内でも文句をつけているん

ですよ。ぼくも文句をつけている。（笑）

岸田　うん、国内でも文句つけていますね。しかし中国なり韓国なりが近代史をどう書いているかというとぼくは知らないけど、両方、アジア近代の同じ歴史を持てるはずがないと思うんですよ。歴史教科書の問題は己惚れの問題と同じですね。

個人はそれぞれに己惚れを持っているわけです。己惚れのない人間はいない。やっぱり自分のアイデンティティの根拠として、自分に都合のいい自分をやっぱりみんな考えているわけです。それで自我を保っている。だから、己惚れというのは間違っているんだからぜんぶ捨てて、誰にでも通用する客観的に正しいことを自我の根拠にしなきゃならないかというと、そんなことは事実上不可能なんです。日本人の近代歴史観というのは、べつに日本の近代にかぎらず、中国人の歴史観、朝鮮人の歴史観でもそうですが、そういうのを他人が全面的に容認するということはありえないと思う。個人の場合だって、みんなそれぞれ腹の中では己惚れを持っていますよ。それにいちいち他人が文句をつけたら、本当に誰だって誇りなんか持てないと思う。持てないっていうか、非常に傷つくと思う。だから、自分が自分をどう考えようとそれぞれの勝手なんだと、お互いの己惚れには干渉しないで、あいつはあのように考えているんだから、勝手に考えているんだろうというので、お互いに己惚れを認め合って喧嘩しないでやっている。それが個人の関係で起こっていることですね。国家も同じだと思う。

靖国がどうのこうのというのも、日本人の勝手かもしれないけれど、やっぱり個人の場合の己惚れと同じで、そういう己惚れによって自我を保っているわけです。日本の近代にやってきたことに対して、日本人は、韓国人とか中国人には認めがたい正当化をしていると思うんです、それをなくすことが可能かどうかということなんですよね。

三浦　靖国問題にかんしては別として、いま岸田さんがおっしゃったことにかんして言うと、でもその個人の己惚れというか自我も、相手次第でしょう。相手との関係だから。

岸田　そうだね。

三浦　己惚れは誰かに認められなければ成立しない。だから必ず、そこまで己惚れてはまずいという問題が出てくるでしょう。

岸田　だから程度の問題なんですけどね。

三浦　たいていは、広い社会に出て己惚れの鼻っ柱を叩き折られて向上してゆくんですよ。そしてその鼻っ柱を叩き折ってくれるのが他者との……

岸田　関係ですね。

三浦　それがもっと強いかたちで集団の自我の場合は働くんじゃないですか。

岸田　それが働いても完全に一致することは不可能ですよ。

三浦　でも、己惚れすぎないように注意しながら社会生活をやっているわけです。国際関係だって基本的には同じだし、同じにしなければならない。

岸田　A家とB家が付き合っているわけですよね。A家が、B家は成り上がり者で、俺のところは先祖代々の戦国時代からの武士の子孫だと威張っているとして。
三浦　ぜんぜん金がない没落士族の末裔で、こっちは新興成金だと。
岸田　しかしそんなことを言い合っていたら喧嘩になるわけで、お互い、付き合っているときはそんなこと言わないで、腹の中ではしかし両方己惚れているわけですよね。しかし、その己惚れを消してしまうということは、程度はありますが、やはり……
三浦　それこそ近代文学の主題ですね。たとえばチェーホフの『桜の園』でも何でも、ぜんぶその物語ですよ。先祖代々の桜の園を、かつての使用人に売らなければならなくなったものの悲哀。その場合のポイントは何かというと、現実ですよ。現実的な経済関係です。たとえば、近代における権力の最終的基盤は経済力に帰着するとした場合、経済力にかんして嘘をつくわけにはいかないですよね。だけど、いま、己惚れすぎないようにいちばん注意しなければならないのはアメリカでしょう。機嫌ばかりとって、誰も忠告してなんかくれないんだから。自滅するしかないのかもしれない。
岸田　アメリカは自滅するかもしれませんが、核兵器を持っていますから、そのとき全地球を巻き添えにするのが怖い。

歴史教科書は系図買いのようなもの?
三浦　実際には一円もないのに大金持ちだと己惚れていたら、狂気ですよ。大金持ち以外の己惚れの根拠を探さなければならないわけです。事実を直視して、なおかつ自分はこれでいいと確信できる根拠を探さなければならない。
岸田　そうですね、はい。
三浦　国家の自我と個人の自我の仕組みは類似的に考えることができるとすれば、まったく同じことが国際関係にも言えるわけですね。古い国家と新しい国家、経済大国と経済小国というのもでてくる。それで、「由緒ではこっちは二千年以上の古さを誇る」とか言っても結局貧しい場合、しようがないから、大金持ちのお嫁さんになるという話になる。
岸田　そうなるわけですね。
三浦　それをいまのアメリカに当てはめてみるとどうか。いまのアメリカの自我を支えているのは経済力であり、経済力に基づいた軍事力だとすれば、経済力、軍事力にかげりが見えてきたらぺしゃんこになるということですね。だから、かりに歴史が自己認識のひとつだとしても、その自己認識は経済力や軍事力にバック・アップされているということじゃないですか。そのことに自覚的であるべきだっていうことでしょう。
岸田　そうですね。
三浦　いま、新しい教科書をつくる会とか言っている連中は、たまたま小金が入って羽振りがいい、そこで昔の家系図を持って来てというのに似ている。何とかの系図買いというやつですよ。それは一般的に見ればみっともないということでしょう。
岸田　それはそうですけど、しかし己惚れというのは他人から見ればみんなみっともないですよ。

三浦　己惚れはぺちゃんこにさせられるためにあるようなところがあるんですよ。

岸田　ぺちゃんこにはなりますよ、ときどき。しかし、ぺちゃんこになって己惚れを失ったままじゃ人間は生きていけないと思うんですよね。やっぱりぺちゃんこになっても、何か見つけてまた己惚れますよ、人間というのは。また己惚れてその己惚れにすがって生きているわけです、みんな。

三浦　それが己惚れの弁証法でしょう。（笑）ぺちゃんこにされ、新たな己惚れを見つけ、それをまたぺちゃんこにされ、と。人間はそうして成長してゆくというのが、精神分析の理論であり、岸田理論でもある。だから、新しい歴史教科書の会もぺちゃんこにされた方が、成長してゆくためにはいいんじゃないですか。だって日本神話からはじまってなんて、笑止だよ。

岸田　あれは日本神話から書きはじめているの？

三浦　そうですよ。笑っちゃいますよ。それはもちろん、北欧のある国の教科書はギリシャからはじまっている、わが国の歴史はギリシャからはじまって、と書いているというので笑っちゃったという話をしていた人がいたけど。それにしても、日本のいまの知的な水準、これだけ翻訳ものが流布して、これだけ情報が流布する中で、天の岩戸の神話とか、そういうたぐいのことからはじめるというのは時代錯誤というよりも……

岸田　ぼくなんかが習った昔の教科書はそうでしたけどね。（笑）

三浦　ちょっといくらなんでも笑わせるよっていうか、マンガだと思う。マンガをあえてやるというのは、いくら己惚れが強いからと言って、応仁の乱をはるかにさかのぼって、うちの家は歴史があるみたいな、京都の家にはそういうところがあるらしいけれど、それを皮肉ったのが内藤湖南ですね。応仁の乱以前の系図はぜんぶ怪しい、と。京都には、三百年以上住まなければ京都人とは言えないとかいうようなところがあって、格好のつけかたがすごいんですよ。フランスにもいますよ。だけどフランスの場合は、階層の差ははっきりあるけど、いくらなんでも伯爵家だとか侯爵家の流れでという感じのことはもうなくなりつつあるんじゃないかと思うけど。

岸田　分かんないけどね。

三浦　残っているかなあ。

岸田　確かに残っているかもしれないですね。しかし日本人にも江戸時代武士だったたって自慢するやつがいますからね。

三浦　いまだっていますよ。うちはさかのぼれば何とかかんとかって言いますよ。

岸田　しかし、笑っちゃいけない。そういうことがそいつを支えているわけだから。

三浦　でもそれは、いまの段階ではやっぱり笑わなきゃいけないんだと思う。血の古さを言うのならば、人間には父母がいるわけだから、二人が四人になり、四人が八人になり、十六人になり、三十二人になりで、結局、先祖は無限ということになる。（笑）

岸田　そうですね。

三浦　だから男系社会を作って……

岸田　長子相続。

三浦　そうそう。そういうふうにするしかなかった。その長子相続にしても虚構の連続ですよ。たいてい養子が入っちゃっている。だから血脈にしても幻想で、根拠にならない。本当は、あなた自身の人格以外に根拠はない、というのが岸田理論でしょ。
岸田　それは幻想だというのが岸田理論ですけども、人間は幻想なしでは生きられないっていうのも岸田理論ですから。
三浦　だけど、どんな幻想を持ってもいいということにはならないでしょう。
岸田　それはまあ幻想でもいろいろね。誇大妄想というのもあるわけだしね。
三浦　たとえば……
岸田　俺はナポレオンだと言っても駄目だからね。己惚れと言っても、どんな己惚れでもいいわけではない。日本の場合、近代日本というのは非常に難しい。出発点はやむをえなかったとかいろいろ理由はあるけど、最終的に侵略戦争をやったというのは確かで、戦後にアメリカの属国になって、アメリカには文句を言えないという状態でいるというのも確かなんですよ。それで、がたがたしている歴史だとは思うんですけどね。そこで日本人がどういうかたちで、己惚れるか。己惚れはぼくは必要だと思うんですけども、どの程度の己惚れが許されるかという、そういうことが非常に重要な問題になってきていると思いますね。韓国人も中国人も朝鮮人も全面的に承認するような日本歴史というのはありえない。彼らには彼らの都合があるわけだから。彼らにしても、普遍的、公平的、絶対的、客観的な歴史を持っているわけじゃないですから。彼らだって彼らの都合のいいように世界を見るわけですからね。

中国が靖国神社を検討しろというのはおかしいか

三浦　だけど、自己を持続するためには、みんながいちおう認めている歴史というのは認めなきゃいけないじゃないですか。

岸田　それがぜんぶ認められたら世の中みんな仲よくやっていけますよ。でもこれだけいろんな紛争が起こるっていうのは、そうなってないからですよね。

三浦　たとえば一九四五年八月十五日に太平洋戦争が終わりましたとかということがあったとするじゃないですか。そのあと、こういうことが起こってということがありますよね。それは歴史ですよ。歴史的事実ですよ。でも幻想です、本当は。それは事実なんだけれど、たとえば三つか四つの子にはそれは意味がないんですよ。つまりある年齢になって、いわゆる分別がつくようになってからはじめて意味を持つ。だから、それは国家という幻想を受け容れるとかと同じように受け容れるということなわけです。それで、他人と話ができるようになる。話ができるということは、「一九九〇年代になってからこうじゃないですか」というようにその会話が成立するようなレベルでの……

岸田　共通性。

三浦　それは必要ですよね。

岸田　だからそこの共通性はあるわけですよ。なかったら、毎日毎日、殺し合いしてなきゃいけないわけです。いまいちおうは殺しあいもせず、いちおうは秩序ある社会を選んでいるわけですね。現在ただいま、日本人と中国人が殺し合いしているわけじゃないんですから。いわば、共通性はあるけど、しかし、その共通性だけで全面的にみんな生きられるということにはなりえないわけで、それはその共通性のうえに勝手な己惚れをそれぞれ持っているということでしょう。勝手な己惚れをどの程度許せるかという問題ですよ。

三浦　それはまったくそのとおりだと思います。その勝手なところにかんする見誤りというのが、中国にも韓国にも日本にもまだある。アメリカにもまだあるってことですね。

岸田　あるということです。

三浦　それはやっぱり検討されなきゃいけないんです。

岸田　そうです。

三浦　それはまずこちら側で検討しなければならない。お前のところから検討しろというのはおかしいんですよ。

岸田　だから、中国が靖国神社を検討しろというのはおかしいと思うわけですよ。

三浦　それは歴史教科書についての問題とは違いますよ。

岸田　要は、靖国というのは、日本人が自発的に、侵略者を祀っているんだからそれはよくないと考えて改善するなり廃止するなりするならいいと思うんです、中国に言われたから、靖国に対する行動を首相が変えるというのはぼくは関係としてまずいと思うんですよ。あとあとまで恨みを残します。

三浦　いや、もともと日本にはそう思っている人がいるんですよ。相当数が靖国神社にかんしては不快感を持っているんです。たぶん半数に近い人が持っている。

岸田　世論調査でも、小泉の参拝に対して賛否は半々くらいだったそうですね。

三浦　要するに旧陸軍の自閉的共同体の見本です。しかも、戦争裁判において結果的にアメリカ、イギリスがやったことは、その自閉的共同体のシステムを壊すんじゃなくて、保存することだったんです。

岸田　まあそうですね。

三浦　戦前の残滓を全面的に残したままで来ちゃった。だから、同じことを神経症的に繰り返しちゃっているのだというのが岸田理論なんですよ。それを考えれば、つまり靖国神社そのものをやめた方がいいということになる。必要だとしても、別のものを建てた方がいいということになる。日本人にはそういう心情はもともとずっとあったんですよ。だから小泉参拝にしても、跳ね上がっているように見えた。その見え方を計算したうえで、彼は参拝したんですよ。それは大東亜戦争が悪いだけではなかったんだという論理の展開ですよ。汚名を晴らすという論理。それで大向こうの受けを狙った。中曽根が靖国参拝したときも同じ論理でしょう。

岸田　参拝に。首相が。

三浦　それは外部から見れば挑発ですよ。ぼくらは少しも反省していませんよって見えちゃったわけですよ。そう言われてしまったから、やめたんですよ。

岸田　中曽根はね。

三浦　今度は小泉という跳ね上がりがいて、自民党も人材が払底して他にいないもんだから、首相の座に坐っちゃった。もともとそういう器でもなんでもない、頑固だけが取柄の小者ですよ。会ってしゃべったことありますか。

岸田　ないない。

三浦　人格的に立派だという感じはまったくない。ただの三代目って感じですよ。つまり非常に人徳があってというタイプじゃない。それは田中角栄以降みんなそうです。多少とも人格を感じさせたのは佐藤栄作と大平正芳くらいだと、よく言われます。とにかく、それで小泉というのが、票がほしいからだか何だか分からないけれども、紋付き袴かなんかで靖国参拝しちゃったわけですよ。で、中国が、それはちょっとひどいじゃないかと言いはじめた。その経緯を考えたら、言われて止めるのは沽券にかかわるとか言ったって、突然、目立つやり方で再開した方がおかしいじゃないですか。それは明らかに意図的に挑発しているとしか言いようがないですよ。ずっとやってきたのに止めろと言ってきたのなら、それは問題でしょう。つまり伊勢神宮を廃止しろと言われたら、「それはできない」と言わなければならない。伊勢神宮は近代日本なんかと関係なくずっとつづいているのであって、それは次元が違う。で、向こうも伊勢神宮を廃止しろとも、天皇制を廃止しろとも言ってはいない。ただ、靖国神社は明治になってできて、ずっと陸軍の管轄だったわけだし、そんなこともあって、村山、小渕、森と参拝を控えた。それを小泉が意図的に再開したんじゃないかと。中国がぴりぴりしているのは、その跳ね上がりみたいなのに日本人全体が同調しそうだっていうことなんですよ、いま。
岸田　しかし、それは……
三浦　ありますよ。東条英機の孫娘が出てきて、すごく苦労したと、戦犯の孫としてたいへんだったと。皆が白眼視して、東条の娘だというだけ何もしてくれなかったとか綿々といったら、みんな感動しているわけですよ。田原総一朗の「サンプロ」で。
岸田　サンプロ？
三浦　「サンデー・プロジェクト」。知識人たちのトーク・ショー……
岸田　ああ、そうですか。テレビはあまり見ないから知らないけど。
三浦　そういう番組があるんですよ。悪くはない番組ですよ。田原総一朗も優秀な人だけど、少し年をとったかな。そこで櫻井よしこなんかが、東条英機に古武士の魂を感じますとか言うわけですよ。
岸田　武士の何？　武士の情け？
三浦　つまり古武士。古武士の風格があるというようなことをやりはじめるわけですよ。それをやりはじめるとね、「うわぁ、東条英機さん気の毒だった。たいへんねー」ってみんななっていくんです。
岸田　ああ、そう。
三浦　日本人というのはかなりそうですよ。杭のない漂流物のようにすーっと流れるんです。その場合、たとえば、戦前、三木清でも誰でもいいけれども、獄死した連中とかさ、いっぱいいるわけですよ。特高にいじめられてとかさ、小林多喜二とか、あいつは赤だというだけで、白い目で見られて配給も何ももらえなかった、何も食えなかったっていうのもいっぱいいるわけですよ。戦後すぐのときは獄中死した連中にみんなばーっと寄っていって、すごいたいへんだったでしょうとか言って。今度はまた、東条英機がすごいらしいとか言って、古武士の風格を感じるとか言って、みんなそっちの方へいくわけですよ。みんなこうブランコで、ぶーらぶーら、揺れているんです。岸田理論を地で行っているわけですよ。それって、ちょっと……

岸田　おかしいな。東条というのは悪人という面構えではないですが、あんまり利口じゃなかったと思います。古武士というのはちょっと無理ですね。

三浦　おかしい。すぐ行っちゃうんですよ、だから。想像しているよりもはるかに簡単に行ってしまう。

近代日本の変質の象徴としての靖国神社

岸田　ただ、小泉が靖国神社に行くことがですね、日本の軍国主義化につながっていくというのは中国が因縁をつけている感じで、被害妄想的じゃないですかね。そんな元気も実力もないと思うよ、日本は。

三浦　それこそ、岸田さんが、中国は大東亜共栄圏構想を持ちはじめたと言ったときに一般の人が感じるのと同じですよ。被害妄想じゃないか、と。実際にはアメリカが軍国主義であるのと同じだけ日本も軍国主義です。その一環なんだから。

岸田　ああ、そうですね。外から見れば、すでにもう日本は軍事大国でしょうね。ただ、属国で同時に軍事大国というのはちょっとちぐはぐな感じですが……。

三浦　だけど、それは別にしても、それこそ岸田さんが言うように、国は合理的思考では動かないわけでしょう。たとえば、東条英機のお孫さんが出てきて、痛ましい話をいろいろ聞いて、東条英機という人もじつはいい人でということになる、と。もちろんいい人に違いないですよ、みんな。家庭に行ったら大悪人だってみんないい人ですよ。

岸田　そりゃそうですね。

三浦　ルイ十六世にしてもマリー・アントワネットにしても個別的に見れば気の毒なもんでしょ。でも人間は必ず両面を持っているわけです。たとえば、和光大学教授が暴行とかいった場合と、岸田秀が暴行というふうなのは違うでしょう。あ、岸田秀そのものも二面性があるから、これは例として良くないか。岸田秀個人と、一般に流布している岸田秀という幻想があるわけです。そうすると、岸田秀暴行がトップ記事になるわけだけど、それはしようがないんですよ。観念というか幻想としての岸田秀と、生身の岸田秀。

岸田　あ、そうですか。

三浦　そういう二面性がある。それはしようがない。引き受けるしかない。岸田さんで言えば、岸田秀という身体をもった個人と、岸田理論の提唱者としての岸田秀という二面性があって、岸田秀は理論の責任も負わなければならない。だから、東条英機は東条英機で、「A級戦犯の人たちってたいへんだったんだって」という論理もあるけれど……

岸田　いや、そんなわけない。東条英機がいい人だったとは思わないけどね。気の小さいやつでね、大局が見えないというかね。「竹槍で戦えるか」と軍部に文句を言った毎日新聞の記者を危険な前線に送ろうとしたり、小役人というかね、実際には役に立たない細かい規則をいろいろつくったり。彼のせいで日本の戦局がだいぶ不利になったっていうこともあるようです。

三浦　司馬遼太郎は現代史ものをノモンハンの前で止めちゃったでしょ。つまり司馬遼太郎は太平洋戦争について書かなかったじゃないですか。それは自閉的共同体に対する憤懣でしょう。日清、日露であれほどたいへんな時局を乗り越えてきたその日本人の個性がこれほどにも矮小化してしまうのかという憤怒。明治維新から日清、日露に至るまでのプロセスで果たした日本人の一人ひとりの個性、たとえば日露戦争における捕虜の扱い方と、太平洋戦争におけるそれを比べると、泣きたくなってくるわけでしょう。

岸田　ノモンハンね。まあ書こうと思って資料を集めたけど書けなかったという話でしたね。

三浦　その問題ですよ。その問題が岸田秀の『官僚病の起源』の問題に重なるということです。つまり、明治大正のあたりまで、官僚というのは機能してきたんだと。いろいろ難点はあるかもしれないけど、鷗外にしても何にしてもとにかく何とかやってきた。ところがある段階からそれが自閉的になって歯止めがきかなくなっちゃったという。

岸田　明治政府が近代教育で養成した連中が官僚になったときに、官僚病がはじまったんじゃないですかね。高級官僚になると地位は安泰で、定年後は天下りして裕福な生活ができるということなので、そういう生涯をめざすさもしい人たちががんばって官僚になるわけですから、官僚の世界というのはそういう特殊な人たちの世界なんですよ。

三浦　それは大学教授だってそうかも分かんないですね。（笑）お雇い外国人に習っていた段階の方が良かった。

岸田　それはそのとおりです。いったん教授になれば、終身雇用で、あとは論文一つ書かなくても馘にならないから、そういう安易な生活が好きな人が多いですね。

三浦　それで、それが官僚病の起源のポイントだとすると、どうしても靖国神社を批判せざるをえなくなるんですよ。つまり、ぼくは岸田理論の影響を受けているから。

岸田　はい、どうもすみません。（笑）

東京裁判で得をしたのは日本である

三浦　東京裁判は少しも戦後処理にはなっていなかったというか、日本のアジア侵略を徹底的に考察するようなものではなかったということを話したわけですが、岸田さん自身は東京裁判にかんして徹底的に批判的ですよね。

岸田　戦国時代は勝った側が負けた方の武将の首を刎ねて殺したわけですね。敵の命を奪った。彼らはしかし、勝った者としての権利を行使して、あいつが悪人で俺が正義だ、というふうには称さなかったわけです。ところが、東京裁判は正義を旗印にしていた。にもかかわらず、正義の立場に立つ裁判にならば、当然、裁かなければならなかった原爆にはまったく触れていないわけですよ。だから、事実上は復讐、勝った人の敵に対する復讐にすぎなかった。ところが、正義の立場に立つ裁判という形式をとったというのが欺瞞だということですね。そういうインチキは認められない。もちろん、マッカーサーが勝って、日本の軍部はけしからん、アメリカ人を殺しやがって、ハワイも奇襲した、その連中を逮捕して、それで首を刎ねたというなら、慣例的にも古今東西やっていることで、日本だってやってきたわけです。だけども裁判というかたちをとって、ああいうことをやるっていうのはけしからん。そう思うわけです。

三浦　正義を振りかざすところに欺瞞があるということですね。

岸田　そうです。

三浦　だけど、その結果、日本国民がそれまで知らなかった事実が大量に出てきたんですよね。まあ、馬鹿みたいな話だけど。実際、アメリカ軍がいちばん関心を持ったのは白人捕虜に対する日本の残虐さですね。だけど、日本が中国に捕虜収容所をほとんど作らなかったのは、捕虜はほとんどその場で殺害していたからでしょう。

岸田　そうなんですか。

三浦　いろいろな文献を読むとそうですね。たとえば共産軍の捕虜、共匪と言っているわけだけれど、そのための収容所というのはほとんどなかったでしょう。
岸田　アメリカ軍とかイギリス軍の捕虜は収容したというのは、アメリカ人とかイギリス人の捕虜は別格にしていたわけですか。差別した?
三浦　だと思いますよ。ジュネーヴ条約にうるさい国は差別していた。もっとも、日本古来の伝統があって、生きて虜囚の辱めを受けずとかいう信条があって、それがかなりなまでに教育によって浸透していた。それは当然、敵方にもあてはまると思っているから、捕まえた者を殺すことに対してそれほどの罪悪感はなかったのではないか。
岸田　それはそうですね。アメリカ兵の捕虜を日本刀で斬り殺したりしていますからね。アメリカ軍もなるべく日本兵の捕虜をとるなという方針で、投降してきた日本兵を殺しています。
三浦　だけど日本側もアメリカ兵、イギリス兵、オランダ兵、およびオランダ民間人などを収容所に入れたというのはあるわけです。ただ、中国にかんして言うとそれほど多くない。というか、ほとんどない。ほとんどぜんぶ殺しちゃったということですよ。
岸田　それは知らなかったですね。本当ですか。
三浦　だって中国における共産ゲリラの収容所というのはあまり聞いたことないでしょ。
岸田　聞いたことないですが。
三浦　それは、虜囚の辱めを受けずという伝統はもともと中国のものでしょう。
岸田　しかし中国側に捕らえられた日本兵の捕虜はどうなったんですか。

三浦　中国側に捕らえられたのは戦争が終わる間際の、つまり敗走していく段階になるわけですよ。そのなかで戦犯と思われる者は残したわけですよ。残したけれども、蒋介石が台湾に逃れる過程で早期終結しちゃったわけですよ。かなりの数が釈放されたらしいですよ。で、中共に捕まったのがいるんですね。シベリアとかあっちの方に行ったのが帰ってくる過程で捕まった。ソ連に抑留された将兵がいて、ソ連に対して中共が引き渡しを要求したということがあったと言われていますよ。そして共産軍は捕虜に教育を施したわけです。ところで、いま岸田さんが言った、勝った側が裁くということ自体がおかしいという論理で言えば、日本側がしたように、戦闘に勝った段階で捕虜は皆殺しにするという、その方がいいですか。

岸田　そういうことと比較すれば、勝者の裁判の方がましだということになりますが、どんなことでも、それよりさらに悪いことを比較の対象にもってくれば、いいことだということになりますよ。確かに、皆殺しよりはましですが。

三浦　だからそこですよ。

岸田　あとで裁判もやったわけだからね。

三浦　裁判まで持っていって、しかも無罪になる率がかなり高かった。B級、C級にかんしても。死刑のパーセントもそんなに高くはなかった。死刑になっても減刑されていくんです。だから本当に死刑にされたのはそのまた何分の一かなんです。だから原住民にしてみれば、少しも腑に落ちる裁判ではなかったと思いますよ。アメリカ軍の捕虜に対してひどいことをやって、アメリカ軍が怒り心頭に発して、ちょっと過剰なくらいに裁判で殺したというのもあるようですが、それだって少なかったようです。だけど、フィリピン人に対してすごいことやったとか、シンガポールの中国人に対してひどいことやったとか、ベトナム人に対してひどいことをやったということにかんして言うと、連合国の連中はけっこう鈍感ですよ。要するに人命は保険金の値段に正比例するという感じですね。つまりイラクでアメリカ軍兵士が一人死んだとか二人死んだといえばたいへんだけど、イラクで子供が何人死んだとか聞いてもたいして感じないというのと、ほとんど似たような感覚がその当時からあった。その不公平さの方が大きかったと思います。

正義を振りかざしてやるのは間違っている。もしもそうなら、正義は万民に対して当てはまるはずだから、東京大空襲でこれだけの人間を殺している、原爆でこれだけ、二発目でこれだけ、というのも裁かなくてはならないじゃないかということになるはずです。それこそ戦争犯罪じゃないか、と。それは欺瞞だというのは、それはそのとおりだと思うんです。だけど、その欺瞞でいちばん得をしたのは日本なんです。見逃されたのは日本の旧指導者たちです。とくに東西冷戦がはじまったから、急いで終わらなくちゃいけない。しかも、事実を究明するのはすごくたいへんです。局地的で、捕虜収容所みたいな感じのは特定しやすいけど、日中の戦線は動いているから、たいへんです。あそこで虐殺して、転戦してこっち行ってまた虐殺したとかいった場合、それは立証し、特定するのはたいへんですよ。

岸田　いや、そこは考えなかったなあ。しかし、裁判で多くの旧指導者たちが見逃されたのが、得だったと言えば確かに得ですが、そういう現実的損得よりも、東京裁判で深く傷つけられたのは日本人のプライドで、その精神的損失の方がはるかに大きいんじゃないですか。

三浦　いや、一億総ザンゲで、もう戦後民主主義に乗り換えてしまっていますからね。だけど、いずれにせよ裁判をやる方がまだしもだと思いませんか。

岸田　殺すよりは。

三浦　そうそう。そういう論理はとにかくあるんですよね。日本の戦国時代は……

岸田　戦国時代は捕虜は……

三浦　切腹したんだから。

岸田　切腹したのはトップの武将だけですよ。下っ端の捕虜は日本の将棋と同じでね、それまでの敵側の戦力になります。

三浦　そういうことで言うと、むしろ戦国時代の方がまし。B級の場合には士官よりも下士官の方が処罰される場合が多くて、それは具体的に行動を起している連中……

岸田　だからね。

三浦　それもすごく不公平ですよね。戦争裁判がおかしいというのは、岸田さんがおっしゃったこともあるけど、それ以上にそのいい加減さの方ですね。膨大な労力を費やしたけど、アメリカもイギリスもけっこう私憤で動いていて、それで得したのは悪いことした日本だったという。(笑)しかも中国は内戦状態なわけだから、その連中が裁判なんかやっているわけにはいかない。

岸田　そんな暇なかったんだね。
三浦　そうなんですよ。

自然の法と神の法

三浦　そのことで伺いたいのは、法についてです、法律。フロイトにおいて法というのはとても重大ですよね。つまり父でしょう。
岸田　うーん……どうだろうか。そうですね。超自我というのは父のイメージですからね。
三浦　それは精神分析の一神教起源を明確に示していますね。
岸田　精神分析は確かに一神教的ですね。
三浦　聖書における法の問題と重なるでしょう。それに対して、あえて多神教的な法というものを想定するとすれば、自然としての法っていうのがあるでしょう。たとえば四季のめぐり、春夏秋冬ってあるじゃないですか。この四季のめぐりには従わなければならないという論理。そこからさまざまな細かい法も出てくるわけです。
岸田　はいはい。
三浦　そういう自然の法と、フロイトがいう父、超自我、神がもたらす法というのは対極的ですよね。神の命令としての法というのは、最終的に神の裁き、最後の審判に収斂していくわけでしょう。それはアメリカの正義にしてもそうでしょう。それは英独仏、ぜんぶそうですよ。その極端な例がイスラム原理主義ですよね。神の裁きでテロをやっているわけだから。あれって変じゃないかということなんですよね。

岸田　もちろん変ですね。

三浦　自然としての法というのは、間違ったことをするとお天道さまが昇ってこなくなっちゃうんじゃないかということなんですよ。

岸田　インディオの信仰なんかそういうのがありますよね。

三浦　そうなんですよ。誰かと誰かが近親姦したから、雨が降り止まなくなったんだとかさ……

岸田　そういうことなんですね。

三浦　それは、季節が順調にめぐってくれるかどうかという不安ですね。だから、後がうまくつづくようにするための法だったんですよ。

岸田　うーん、あるかもしれませんけどね。

三浦　法があるのは、自然のめぐり、人間関係のめぐりが順調に推移するその法としてあるのであって、破ると罰せられるのは天の運行を阻害するからでしょう。だから、上位概念は自然そのものだったわけです。それが違ってくるのはやはりヨーロッパにキリスト教が浸透して、そこから法が出てきたからなんでしょうか。つまり、自然とは違う上位概念をもってきたということなんでしょうかね。天の運行、四季の循環とは違った、人間が作った正義というものにいった……

岸田　ものからなるわけですね、法は。正義というのはそれぞれが違うわけですから。イスラムの正義と、キリスト教の正義は違う。正義を持ってくると、違反者は絶対に悪になるから、違反者に対してどんな厳罰でもいいということになる。非常にやっかいな問題が起こってくるわけですよね、そこでね。

三浦　そうすると、それはフロイトにおいては超自我批判というか、そういうかたちになりますか。

岸田　いわば厳しすぎる超自我というのが神経症で問題になってくる。厳しすぎる超自我を治すというか、克服するというのが治療になっているみたいですね。

三浦　その問題は、結局、宗教批判としての「幻想の未来」に収斂していく。

岸田　フロイトは結局、象徴を、神を否定しているわけですから。

三浦　それは、基本的に、精神分析は父というものの重要さを認めた上でそれを相対化しているということですね。

岸田　そうです。だから、神経症というのは厳しすぎる超自我の問題で、その超自我の背景には父親がいて、父親の背後には神がいるわけです。結局、神経症的な超自我の問題というのは本当は神の問題だということです。それで、必然的に神の否定にいくことになったんだと思うんですね。

三浦　ということは、精神分析的な観点から法の体系というものを、一度、徹底的に考えなおさなければならないということです。精神分析の連中はなぜそれをやらないのか。

岸田　そういうことはあまり考えられなかったのではないですかねえ。

三浦　法律というのは自明視するでしょう。だけど法の根拠というのは本当は何も無いんじゃないかな。学問的にもそういうことになっていると思います。法と裁判は対になっていて、そこで正義ということが出てくるわけだけど、この正義というものを相対化しなければならないというのが、岸田さんの考えでしょう。岸田理論の立場ですよ。つまり、一神教的な考え方を相対化しなければならないということです。いまアメリカはどんどん保守的になり自閉的になっていますが、その中心にキリスト教原理主義があります。これがイスラム原理主義と対応している。それを相対化しなければならないのが岸田さんの仕事ですよね。一神教的な考え方を相対化した後にどういうふうにしたらいいかということです。岸田理論にとって法とは何かということですよ。

岸田　それはこれから考えますよ。考えたことがないから。(笑)

三浦　考えてください。というのは、戦争裁判が行なわなければならなかったことは、人間をも含めた自然の運行を正常に回復することだったと考えると分かりやすいんですよ。正義を実現するとか言ったとたんに分かりにくくなってしまう。法というものの根本が問いなおされているような気がするんです。

岸田　本能にはほんらいブレーキが含まれています。だから、動物は種族保存に役立たない性行動はしないし、不必要な攻撃もしない。本能が壊れた人間はブレーキも壊れたので何をしでかすか分からない。道徳や法律はこの壊れたブレーキの代用品としてつくられたわけですが、代用品であるだけにいろいろな欠陥がある。この欠陥をどうするかの問題への答えを精神分析はまだ見つけていません。

精神分析にとって法とは何か

三浦　みんなどういうふうに思っているか分からないけど、法といえばモンテスキューとか言われるじゃないですか。あれまったく当たり前の話しか書いてないですよね。

岸田　あ、そうですか。

三浦　当たり前ですよ。もしも当たり前じゃないことを書いていたら古典にならないわけだから。（笑）だからそういうふうなところから考えて、いまの法律家たちが言っている法は、イギリスの法にしてもね、行き当たりばったりに決めてきたものが、そのまま苔むしてきているみたいなかたちでなっているだけなんですよね。

岸田　慣例法がね。

三浦　日本でもそうですよね。旧民法とかなんとかが完全に書き換えられているわけじゃない。昔から同じままのものがつづいてるだけです。憲法だけは変わるけど。

岸田　戦後だって憲法を変えただけですからね。

三浦　罰金ひとつにしても刑期にしてもまったく恣意的ですよ。本当にいい加減ですよ。執行猶予何年とか言っているのも、いい加減です。司法試験のために丸暗記されている六法全書とか、文章もひどいけど、その根拠も噴飯ものですよ。

岸田　それはそうでしょうけどね。しかしそれしか根拠がないでしょ。

三浦　だからそこをちゃんとやった方がいいとぼくは思う。岸田さんがやらなきゃいけない。（笑）

岸田　ちゃんとやったら根拠は見つかるのかな？

三浦　いや、根拠を見つけろと言っているんじゃないんです。根拠がないというそのことを根拠にしたうえで、やらなくちゃいけないということですよ。それで、そのことが分かるようにしなくちゃいけない。変わっていないんですよ、考え方が。これはいったいどのような考え方に立って制定されたのかということを、もう一度考えなおして大掃除しないといけない。

岸田　まあ、日本の法律はまず向こうのを採り入れただけだからね、最初は。

三浦　向こうの法自体が問題です。正義自体が問題なんだ。そのことにかんしてもっと考えなくちゃいけない。アメリカにしてもまず神への宣誓からはじめるわけだから。

岸田　そうですね。アメリカは軍事力と経済力で正義を支えているつもりですからね。正義の国ですからね、あの国は。

三浦　そうですよ。最終的には神に支えられている。神に対して嘘つきませんと言っているわけです。だから最後の審判が怖いんですよ。アメリカは最後の審判が怖いものだから原爆に対しても罪を認めたがらないのかもしれない。罪を認めたら自分たちも同じ目にあうと思っているんじゃないかな。マッカーサーが日本人は知的年齢が十二歳だって言ったけど、それでいったら知的年齢六歳くらいなのがアメリカだっていう感じですよね。だって、最後の審判が来ると思っていて、ダーウィンの考え方は存在しないと思っているわけだから。それはやっぱり精神分析が何もしないのはまずいんじゃないですか。精神分析的に言っても、法には何の根拠もない。

岸田　あるはずはないですよ。
三浦　それにかんして、なんとなくうやむやで済ませている。それでは、うやむやにする過ごし方を教えますというのが精神分析だということになるじゃないですか。
岸田　そうかな。（笑）
三浦　アメリカにおける精神分析はそうだっていうのがラカンの説だから。（笑）アンナ・フロイトとかエリクソンとかはアイデンティティとか自我の防衛とか言っているけど、それは要するに現代社会の矛盾の中でうまく辻褄を合わせて生きるための方法を教えているだけだ、と。
岸田　と、ラカンが言ったんですか。
三浦　みんな言っていますよ。ドゥルーズとガタリにしても言っていますよ。ついでに、アイデンティティなんてないのが当たり前なんだから目茶苦茶やっちゃえということも言っていますよ。その延長上で、かつての新左翼がイスラムに同調して自爆テロを賞賛したりもする。するとどうしたって、精神分析にとって法とは何かという問題が出てくる。岸田さんがやらなければならない問題はいっぱいある。
岸田　なるほどね。しかしそれはあまり考えてなかったからなあ。法の問題なんていうのは。

残虐行為とは何か

三浦　それともうひとつ、残虐行為というのは何なのでしょうか。一人ひとりの日本人はいい人たちなのに、なぜあんな残酷なことができたんだろうという問題ですね。集団ヒステリーということがあるんですか。

岸田　集団ヒステリーでは説明になりません。集団ヒステリーというのはたんなる名称だから、中身はありません。そのものが何かということは分かっていないですから。

三浦　ああ、そうか。

岸田　たとえば結核菌が肺に入って肺結核になったというのは原因と結果が分かっているわけです。でもどういうメカニズムなのか、何だか分からないものを集団ヒステリーと呼ぶだけですから、何かを集団ヒステリーだというのは説明になっていない。

三浦　ということは、集団というのはもともと集団ヒステリーだということもありえるということですね。集団を束ねる共同幻想そのものがヒステリーのようなものだと。

岸田　それはそうですけどね。しかし、なぜ人類が残酷なことをするかといえば、攻撃本能が壊れているからですけどね。フロイト的に言えば。

三浦　ええ。

岸田　攻撃本能が壊れているということは、無茶苦茶なことをするということですよ。人間はなぜ残酷なのかということにしても、もともと残酷なのを辛うじて抑えていたということですから、抑えられなくなればもとの残酷にもどるだけなんだと考えた方が事実に近いんじゃないかな。

三浦　ああ、なるほど。いま必死に抑えているから、辛うじて人格も維持しているし、残虐行為もしていないけど、それはいつでもはずれる危険性があるんだと。

岸田　というふうに思いますけどね。本能が壊れているというのはそういうことでしょう。動物は残酷じゃないですからね。

三浦　そうですね。

岸田　攻撃性にしても、たとえば雌を争うときも発動されたとしても、争ってどちらかが負けを認めればそれで争いは終わりでしょう。追及して殺すなんてことはしない。順位の争いはありますけどね、どちらかが俺の方が下だと認めればそれで終わりです。いわば攻撃性に歯止めがあるんですよね。もちろん、たとえばハヌマンラングーンは赤ちゃんを抱えているメスのその赤ちゃんを殺す。一見残酷だけど、あれは赤ちゃんを抱えているメスはセックスさせてくれないから、それでは自分の種が植え付けられないから、自分の種を残すために子供を殺すんだという合理的な説明がつくわけです。とにかく、目的なく残酷なことを動物はしないわけです。ライオンが獲物を捕まえるのは生きるためにしようがないわけですから。そういうことを考えると、残酷なことをするのは人類だけで、なぜ人類だけが残酷なことをするかというと、本能が壊れているから、基本的に残酷なんですね。だからその残酷をどう抑えるかということで、いろいろな文化装置が発明されてきたんじゃないですか。

三浦　すると、残酷性と文化の発展は並行関係にあるということになりますね。

岸田　並行関係というか、本能が壊れたということは、壊れた本能そのままだったら滅びてしまうわけですよ。性本能が壊れているわけですから、ほんらいなら人間はセックスできず、子供をつくれなくて滅びるはずです。だけど滅びないのは、文化的に性欲を構築することに成功したからです。正常な成人の男と女がセックスしたいというのは、作られた文化的欲望によってなんだということです。それと同じように、人間は、自分の残酷性を抑えるために、恋愛とか、家族愛だとか、母性愛とか、友情とか、いろいろな幻想を作ってなんとかもっているわけですよ。そうじゃないかな。

三浦　うーん。

岸田　本能が壊れた状態というのは、性本能でいえば性本能が滅茶苦茶だということです。たとえば子供を産むためにはぜんぜん役に立たないような淫乱なことをするのは本能が壊れているからで、それでは困るからいろいろ性的な習慣とか結婚という制度とかを作って、いろいろやってきたわけです。本能が壊れたというのが出発点なんですよ。

三浦　ということは、戦争状態とか異常事態になった場合には抑制がはずれやすい？

岸田　はずれやすいというか、むしろはずすことが要請されるわけでしょ。敵を殺すわけですから。だから残酷になる方が……

三浦　いいわけだ。

岸田　いいっていうか……そっちの方がやりいいわけですね。

三浦　それが奨励される？

岸田　わけでしょう。滅茶苦茶な残酷さは味方にではなく敵に向けられ、そこに残酷さの解放もあるわけですね。それが戦争というわけです。
三浦　しかも、人間はそういう状態に慣れてゆくようですね。
岸田　殺すのがね、平気になりますからね。
三浦　そして、うまくなる。
岸田　殺し方が。

近代戦争の意味

三浦　それは当たり前の話ですね。技術的な習熟というものがあって、武士はそういうことを習わなくてはならなかったわけだから。しかもそれが美学まで生んだわけです。もちろん抑制も学んだ。だけど、近代戦争になってからはそれがはずれた。
岸田　抑制をはずした方が強くなる、勝っていくわけですから、いよいよはずしていったんじゃないですか。近代ヨーロッパにこの悪循環が起こり、全世界に波及したのです。未開の部族が争っているぶんには武器だって抑制されているわけですから。これ以上の殺傷力のある武器を使わないっていうお互いの共同幻想があるわけですよ。暗黙の協定みたいなものがあったんじゃないですか。しかしそれも、協定を破った方が強いとなればもう破綻してしまう。鉄砲は刀より強いですし、鉄砲よりは大砲、原爆までいくわけです。
日本の武士の刀は抑制的な武器で、非常に切れるんだけど、刀で斬るだけでは殺せないんですよね。なかなか死なない。とどめを刺さないと刀では殺せないわけで、一つの歯止め的な意味もあった。殺すには槍の方がいいわけですね。槍なら突けば殺せる。刀では殺せない。日本刀は殺しにくい武器ですね、歯止めの思想がちょっとはいっているんだと思います。飛び道具は卑怯だと鉄砲を蔑み、刀を武士の魂としたところに、江戸時代の武士のなるべく人殺しは避けようとする知恵を見ることができると思います。

三浦　ところが、産業革命のあとの武器の開発は歯止めがなくなった。ダイナマイトが発明されてからあとは余計にそうだということですね。

岸田　武器の歯止めをはずしたのがヨーロッパですね。ヨーロッパ以外では、ある程度の歯止めが維持されていた。武器をそんなに発達させなかった。発達させたら、お互いに傷が大きくなるわけですからね。しかし、近代に自制する文明が自制しない文明に敗北したのです。

三浦　火薬も中国では花火にしかならなかったようなところがある。一種こけおどしみたいなものですね。それを高度に殺傷能力のあるものにしちゃった。

岸田　それがヨーロッパでしょうね。

三浦　いまやまさしくその延長上にあるわけです。核兵器を人類が絶滅可能なくらい蓄えているわけでしょう。

岸田　可能どころか……

三浦　五、六回。

岸田　何十回でも滅ぼせるそうじゃないですか、いまの核兵器をぜんぶ使えば。
三浦　ということは本能が壊れるのが実現されそうじゃないですか。
岸田　本能が壊れているんだから、ほんらいは自滅に向かっているはずなんですけどね。
三浦　そういうことですね。
岸田　自滅をなるべく防ごうとして人類はこれまで文化的努力をしてきたんですけどね。だからいわゆる未開社会は一つの知恵なんじゃないかと思いますよね。
三浦　たいへんな知恵です。お父さんとお母さんがやったことを繰り返す。それ以上のことをしてはいけないというのはね……
岸田　いわゆる未開人に便利な道具を教えても使わないそうですね。本能が壊れているから、このタブーを作って生きていこうというのが未開社会の方針なんですね。
三浦　それからはずれているのが子供なんですよ。未開社会の中の子供はけっこう便利な道具で遊ぶんですよ。だから未開社会の長老から見れば、文明国のアメリカとかイギリスとかの連中が子供に見えるんですね。危険物を持った子供に見える。マッカーサーが日本人は十二歳だと言ったのはまさに逆説です。未開社会の連中から見ればヨーロッパ人の方が、あんなおもちゃで騒いでいるということで、まさに子供に見える。
岸田　ということですね。ヨーロッパ人は未開人を子供だと思うけれど、未開人から見ればヨーロッパ人の方が子供に見えるということですね。

三浦　そうなんですよ。それで最終的にはいま、その本能が壊れた結果として人口問題が起きているわけですね。中国の人口問題どころじゃない。世界人口というのが、二十世紀になってからもう……

岸田　六十億くらいですか？

三浦　六十三億。おそらくすぐに百億を超すでしょう。

岸田　地球では養えないですね。

三浦　ずーっと十億未満できていた人口が百年の間に十倍になっちゃったということは、たぶん地球史上、未曾有のことですね。

岸田　人間の食料としての動物以外は滅びちゃうね。そして、その次に人類が滅びる。

三浦　本能が壊れたために繁殖力もまた異常なものになってしまった。これが靖国問題とどうつながるか。（笑）靖国問題どころじゃないということでしょうか。

第4章　靖国問題の国際関係論

国際関係論としての岸田理論

三浦　これまでの議論をちょっと整理します。岸田さんが小泉首相の靖国参拝に賛成するのは、もしも中止すれば中国をのさばらせることになるからだということです。それがよくないのは、中国はどうも戦前の日本を無意識のうちに真似て大東亜共栄圏構想を抱きはじめているからである、と。

それに対するぼくの反論は、ひとつは、そういうこととは無関係にもともと靖国神社は岸田さんの批判する自閉的共同体、旧日本軍の象徴にほかならないということです。いまひとつは、中国の大東亜共栄圏構想というのは、東西の冷戦構造が終わったために、アメリカの世界戦略の矛先がアジアに向けられるようになり、その最終的な焦点が中国に絞られることによって浮かび上がってきた幻にすぎないのではないかということです。つまり、中国が大東亜共栄圏構想を持っているように見えるとしても、それは、敵を必要とするアメリカの欲望が作りあげた幻にすぎないということ。その幻がいかにも現実らしく見えるのは日本もアメリカの戦略の一翼を担っているからであり、それこそ中国が脅威を感じていることであって、靖国問題に敏感に反応するのもそのせいなのだ。そういう反論です。もちろん、中国自身がこのアメリカの幻想を積極的に演じはじめるかもしれない。

戦前の日本がそうであったように。だけど、その場合も、順序としてはアメリカ、日本の幻想の方が先にあるのではないかということです。

注意してほしいのは、どちらが正しいかという問題ももちろんあるけれど、それ以上に、こういう分析の背後に岸田さんの理論が応用されているということです。中国がなぜ大東亜共栄圏などという昔の幻想を持ってくるのかといえば、攻撃者との同一視、支配者との同一視ということがあるからだというのも、これは岸田さん自身の説だから当然ですが、岸田さんの理論の応用ですね。いや、それはアメリカと日本が共同戦線を張って、ソ連が当面の敵でなくなったから今度は中国を敵にしはじめたからだ、それは敵を必要とするアメリカの欲望が生み出した幻にすぎないというぼくの反論も、同じように岸田さんの理論の応用なわけです。つまり、アメリカは戦前に日本という敵を必要とし、日本を追いつめたけれど、今度は中国を必要とし、中国を追いつめにかかっているという見方です。イスラムの次は中国だと考えているのではないかということです。これがアメリカの病気、その建国のトラウマのもたらした神経症であるというのは、岸田理論が以前から強調していたことですね。

ということは、岸田さんの理論にはもともと国際関係論を得意とするような要素があるということです。それは、国家もまた人間と同じように自我をもつという考え方からきています。それはさらに、人間は自分の属す共同体、たとえば近代においてはとりわけ国家を、自分の自我の支えにするように出来ているという考え方からきています。つまり、近代人は大なり小なり自分でも国家を演じるようにでできているということですね。だから、国家も自分を演じるわけです。そして自我をもつ。人間のこういうあり方はいったいどこから来たのか。それは、人間は本能が壊れた動物だからであり、そこから来ているのだというのが岸田さんの基本的な考え方です。岸田さんの理論が国際関係論としても力を発揮するように見える背景にはそういう考え方があります。ぼくには、そういう岸田さんの理論はたいへん説得力があるし、魅力的に思えるわけです。

そういうわけで、最後に、岸田さんの理論の根拠、その拠って来たるところを考えながら、国際関係論としての靖国問題を論じていきたいと思います。

ジャック・ラカンと岸田秀が交差する場

三浦　まず、人間は本能が壊れた動物であるという岸田さんの考え方はとても独創的に思われますが、どこから生まれたか、ということです。岸田さんはどの段階からそういうふうに考えはじめたのですか。

岸田　ぼくはフロイトが言っていることをそのまま鸚鵡返しに言っていたつもりでしたけど、フロイトはどうも直接的には本能が壊れているとは言っていないみたいですね。

三浦　ええ。たとえばメタサイコロジーと呼ばれる論文のひとつ「本能とその運命」（一九一五年）の中でも、本能は発達すると書いてあるんですよね。

岸田　そうでしたね。

三浦　人間には個体保存の本能と種族維持の本能の二つがあるという論調で、それだけ読むと、動物から人間まで、本能はずっとつづいていると考えているように読める。

岸田　というふうに読めないでもないですね。

三浦　フロイトは自我の構造を説明するために実際に何度か図を書いていますね。親友のフリースに宛てた書簡（一八九六年）の簡単な図も含めると、四つ描いています。知覚末端から記憶へ、記憶から無意識へ、無意識から前意識、そして運動末端へといたる『夢判断』（一九〇〇年）の図、知覚・意識の底に自我があり、そのさらに底にエスがある『自我とエス』（一九二三年）の図、最後に描かれた図が『続精神分析入門』（一九三三年）のもので、知覚意識から前意識、自我、無意識、エスと並んで、その上から介入するように超自我があり、下から挿入されるように抑圧があるという図です。この最後の図ではエスの底が破れていて外界とつながっているかのように描かれていて、どこか不気味なのですが、これらの図の変遷を見ていても、必ずしも本能が壊れたとは明言していない。むしろ、自我は七、八割が本能で、エスはもっとそうで、真暗闇のようなものだという言い方をしているように思えますね。

岸田　エスが外界と接した部分が自我になるという言い方をしていましたよね、確か。だから自我ももとはエスだったわけです。

三浦　そのエスは「本能とその運命」のあたりではまだ本能とほとんど同じような感じにも読めますよね。だって、人間の意識では捉えきれないものなのだから。人間は本能が壊れていると露骨に言っているのはラカンと岸田秀だけですよ。

岸田　あ、そうですか。ラカンも言っているんですか。

三浦　ええ。ラカンの『セミネール』のたとえば第二巻「フロイト理論と精神分析技法における自我」（一九五四―五五）などでは、かなり露骨に言っていると思います。はっきり言えるのは、岸田さんの理論が成立する段階で参照されたのはボルクの胎児化説、つまり、簡単に言えば人間は胎児段階で出産されてしまったサルであると見なす考え方ですが、ラカンもそうだということです。

岸田　そこから持ってきたんですよ、ぼくもね。

三浦　精神分析の一般的潮流では何よりもまず性が問題にされ、父と母、男と女の差異が問題にされるわけですが、ラカンと岸田さんはそうではない。それ以上に、人間と動物の差異を問題にしている。動物の世界は動物の世界に特有の基本的なイメージにしたがって構造化されているけれど、人間の世界では事情がまったく違うということを、ラカンはいたるところで繰りかえし言っています。これを岸田さん流にいえば、動物は本能がしっかりしているが、人間は本能が壊れているということになる。この違いに関して、ラカンはたとえばコンラート・ローレンツなどの動物行動学の成果を大いに参照している。フロイトはローレンツの『攻撃』（一九六三年）などは当然のことながら読めなかったわけで、その点ではラカンや岸田秀の方が有利だったわけですが、しかしローレンツが言う程度のことはフロイトにも想像はついていただろうと思います。フロイトもじつは男と女の関係以上に、人間と動物の違いに関心を持っていたからです。たとえば『快感原則の彼岸』（一九二〇年）

の中で生命の流れを原生動物からたどってきますね。
岸田　ええ。
三浦　いわゆる死の本能を立証するために、無機物から有機物が生まれた段階、原生生物が生まれた段階で、発生した生命が死の状態に戻ろうとする衝動は当然あっただろうというわけです。あらゆる物質は安定する方向へと向かうわけですから、有機物もまた例外ではありえないということですね。そういう論の展開からも分かるように、フロイトにおいては生物学とくに動物学への関心は非常に強いわけです。おそらく、シェーラーとかポルトマンといったいわゆる哲学的人間学にも関心を持っていた。そういう関心の延長上にラカンも岸田秀もいるわけです。たとえばローレンツの『攻撃』には、動物の場合、攻撃に関して自動的に制御が働くということが語られている。なぜ人間はそうじゃないのかということになるわけです。岸田さんはそこで人間は本能が壊れているからだというわけですが、たとえばラカンは、もちろんローレンツの理論のはるか前にということになりますが、フロイトの『ナルシシズム入門』（一九一三年）を引いて、フロイトは、人間は外界をナルシシズムによって構造化しているけれど、人間以外の生物はたんにゲシュタルトによって外界を把握しているにすぎないと考えていたのだと言っています。そしてこのナルシシズムという機制こそ人間に特有のもので、それは「私とは一個の他者だ」というランボーの言葉に象徴されるのだと言っている。簡単に言えば、人間は他者になることによってしか自己になることができないということですね。つまり自己とは途方も無い幻想であるということです。

岸田　なるほど。ラカンはそういうことを言っているんですか。

本能が壊れたという着想はどこから来たか

三浦　だから、ラカンも岸田秀も基本的に同じ考え方に立っているわけです。ただ、ラカンの方がその仕組みをいっそう詳しく説明しようとして、まるで幻の精密機械を解説してゆくような感じになっていく。それが悪評高いあのトポロジカルなさまざまな図ですね。ラカンと岸田秀を対比するのはそれ自体たいへん有意義なことだと思いますが、ここではこれ以上論じるのはとりあえずやめます。岸田さん自身はどういうきっかけでそんなふうに考えるようになったのですか。

岸田　ぼくの考え方のヒントになったのはフロイトの『性理論三篇』（一九〇五年）ですよ。そこで展開されている口唇期、肛門期、男根期という考え方です。だって、人間以外の哺乳動物には口唇期も肛門期も男根期もないじゃないですか。動物に性器期という用語を使うのは適当ではないかもしれませんが、言ってみれば、動物はいちばん最初の発情期から性器期なんですよね。ところが人間には性器期の前にまず口唇期と肛門期と男根期があるわけです。それらをまとめて前性器期と言いますが、なぜこんなものがあるのだろうと考えたわけです。動物は最初から性器期なんだということは、ほんらいはその方が自然なんだということではないか。人間の場合はそれが壊れているから、ヘンテコな口唇期や肛門期なんかがあるんだ。それがぼくの着想だったんですけどね。

三浦　幼児期があるということの問題ですね。それはフロイト自身がそう考えていると思ったわけですか。

岸田　ええ。前性器期という考え方をしている以上は、当然、フロイトは性本能が壊れているという前提に立っているとぼくは思ったわけです。性本能が壊れていなければ、前性器期などあるはずがないではないですか。それにフロイトは人間の性器期の性欲、すなわち正常な性欲は前性器期の性欲を組み込んで成り立っていると言っているんです。ということは、人間の正常な性欲は、動物の性欲と一見、似ているが、不自然な人工的つくりものだということではないかと思ったのです。

三浦　言われてみればそのとおりですが、でもすごいですね。多くの人々が精神分析に関心をもったわけですが、誰もそんな原理的なことは考えなかったんじゃないかな。たんに幼児と母と父の三角形について侃々諤々の議論をしていただけでしょう。そういう原理的なことを執拗に言いつづけたのはラカンと岸田秀だけじゃないかな。

岸田　ああ、そうですか。

三浦　精神分析で、動物との違いを強調しながら人間存在論を展開しているのは、その二人だけのような気がする。頻繁に動物行動学に言及していることにしても。

岸田　本能が壊れたことと言葉を話すこととは密接にかかわると思っていますけどね。

三浦　二十代のうちにそう思ったわけですか。

岸田　いや。（笑）そんないつからなんて記憶はぜんぜんないですけどね。

三浦　でも、ぼくが最初にお目にかかったのは、岸田さんがまだ三十代なかばの頃だったでしょう。

岸田　あの頃は、もう、そう思っていた。
三浦　思っていたどころじゃない。全面的に展開していましたよ。（笑）
岸田　その頃、人間は本能が壊れていると言っていましたね。ちょうど三十になったときにフランスのストラスブールに留学したわけですが、暇で暇で何もすることがなかったから、毎日のように大学図書館に行って本を読んでいたんです。そのとき、たまたまボルクの胎児化説の論文を見つけて引き入られるように読んだ覚えがあります。
三浦　ラカンとかメルロ＝ポンティとかにも同じようなところがある。ラカンとメルロ＝ポンティはかなりな親交があったようですが、メルロ＝ポンティには中途半端なところがありますよ。マルクス主義者だったから。それは致命的な問題だったんではないでしょうか。みんなマルクス主義に引っぱられるんですよ、その段階では。
岸田　幸いにしてぼくは不勉強だったので、マルクスはぜんぜん読んだことがなかったから。（笑）
三浦　幸か不幸かというやつですね。たぶん、いちばん害悪を流したのは労働価値説だと思う。精神分析からは労働が価値を生むという論理は逆立ちしても出てこないでしょう。
岸田　出てこないですね。
三浦　まず出てくるのはフェティシズムですよ。マルクスもフェティシズムを論じているけれど、精神分析的な考察にまでは行かなかったわけです。フェティシズムこそ人間の経済行為の起源でしょう。

岸田　ええ、貨幣こそはフェティッシュですからね。だから、貨幣を中心軸としてめぐる経済こそ精神分析で説明しなければならないのです。

三浦　まさにその通りですね。人間形成、人格形成の仕組みそのもののなかにフェティシズムがあって、人間はまず他人になってから自分になる、あるいは他人の目で見て自分を発見する、そしてその自分に執着するというその仕組みそのものがフェティシズムであって、それは、原理的には自分は取り替え可能なもの、交換可能なものなのだということでしょう。だからこそ交換すなわち経済行為も成立するのだということですよね。ラカンが自己の起源、主体の起源を浮き彫りにするためにに引用したフロイトの『ナルシシズム入門』の、そのナルシシズムという仕組みもこのフェティシズムのひとつの系である、と。そこで、靖国問題にしても、結局はナルシシズム、フェティシズムの問題にほかならないということも出てくるわけですが、もう少し具体的な問題に移りましょう。（笑）

道路公団という自閉的共同体の病理

三浦　最後の話題というか、やはり自閉的共同体の象徴としての靖国神社について、岸田さんのお考えを伺わなければならないわけです。以前から問題になっていたわけですが、ここに来て道路公団の問題が大きく浮上してきた。

岸田　あれもまさに自閉的共同体ですね。（笑）

三浦　談合、官製談合ですね。それで元理事が逮捕され、ついに副総裁まで逮捕された。ところが、逮捕された連中に対して、内部の人およびその周辺の人は「あんな神さまみたいな人はいない」と言っているんですよね。

岸田　みんなの信頼を集めていたらしいですね。

三浦　いい人で、私利私欲がなくて、みんなのためを考えてやっていたと。

岸田　その集団のなかではじつに公平にやっていたから。その集団が国民の金を不正にかすめ取っていたということは視野の外ですから。

三浦　そうそう。それで、自民党代議士の中のいわゆる建設族の連中は、ああいう立派な人が捕まるようでは世も末だという言い方をしているわけですよ。つまり法自体がおかしいと言っている。というより、自民党の場合には検察官がおかしい、検察官はその筋から金をもらっているんじゃないかと言っているようですね。

岸田　誰から？

三浦　もちろん、小泉からですよ。金ではないまでも、何か反対給付を約束されているに違いない、と。そういうことをやるのが自民党代議士の習性だから、自分の習性は誰にでも当てはまると思うんでしょうね。とにかく違法な逮捕だ、検察の職権濫用だと。で、いま郵政民営化問題でたいへんでしょう。道路公団というのは郵便貯金を使いまくるというか食い物にするために出来たようなものですから、郵政民営化と道路公団民営化とは一連のものでしょう。郵政民営化に反対する人たちは道路公団民営化に反対する人たちと根がひとつなわけですよ。

岸田　そうですね、確かに。

三浦　反対派というのは、ぜんぶゆるゆるでいった方が都合のいい人たちですから。だとすると、検察は小泉から何か指示があってやったんじゃないかという議論も出てくるわけですよね。

岸田　そうなんですか。

三浦　金ではないにしても。だいたい、建設族とか郵政族とか、ぜんぶゆるゆるでいった方が都合のいい人たちの元締めというか、それでうまい汁を吸っている連中というのは、東大出の官僚とかそっちの連中ですよ。

岸田　例のさもしい連中ですね。

三浦　自分たちは優秀で他の誰よりも頭がいいと思っている人たちですよ。その論理を見ていると、『官僚病の起源』を地でいっているようなものでしょう。

岸田　まったくそのとおりだ。

三浦　それは「談合がなぜ悪い」という論理ですよ。「談合は和の精神ではないか」というわけです。(笑)それで八方丸くおさまっているじゃないか。もしも談合をやめたら、かえって不公平になって、潰れるところがいっぱいでてくるじゃないか、ということですね。その論理が旧日本軍の論理とまったく同じに思えるわけですよ。たぶん、郵政民営化に反対している人たちにも同じ論理があると思う。そこで、なぜそういう仕組みが起こってしまうのかということなんですね。というのは、どのような共同体もそうなんじゃないかという問題でもあるんですよ。つまりアメリカという共同体にしてもそうなんじゃないか、と。共同体にはつねに自閉的共同体に転落する危険があるんじゃないか。

岸田　そうなんですよね。ぼくが『官僚病の起源』の中で展開したのは、自閉的共同体それ自体が悪いわけではないということです。たとえば小さな部落共同体が自閉的共同体であっても何の問題もない。仲良しクラブ、同好会、同窓会とかが自閉的共同体であっても何の問題もない。自閉的共同体というのは、それぞれの共同体がお互いそんなに関係はなくて、権力関係もなくて、それぞれがそれぞれでやっているぶんには、けっこう平和でうまくやっていけるはずなんですけどね。日本の場合、江戸時代の藩なんてまさに自閉的共同体ですね。藩主がいて、その藩の中でまとまっていた。

ところが、そういう自閉的共同体でいちおうはうまくやっていたところにペリーが来て、日本は統一国家にならざるをえなくなった。天皇を中心とする統一国家になって、そこで組織の必要上、いろいろな官庁を作ったわけですね。ところがもともと、日本人の集団は仲間の和と協調を重んじる傾向があったから、官庁とか会社とかの新しい組織も自閉的共同体になっていったわけですね。それで、なぜ困ったことになったかというと、通産省でも大蔵省でも外務省でも厚生省でも、権力を持つからです。自分の共同体以外に対する権力を持つ。たとえば通産省なら通産省が、全国に権力を持ち、全国民の生活を左右する。ところが自閉的共同体となった通産省なら通産省の内部の役人たちは、その第一の目的を、彼ら自身の利益と福祉と幸福のために置くということになるわけですよ。権力を及ぼされる方の国民は視野の外に置かれ、無視される。国民はたまったものではない。そこで自閉的共同体の弊害が出て来たということですね。

自閉的共同体は民間では成立しない

三浦　そうすると、岸田さんの考えでは、官でなければいいわけですか。

岸田　官の方が、より自閉的共同体になりやすいということです。なぜならブレーキがかからないからです。民の場合は、国から予算をもらえないので、運営してゆくためには利潤をあげなければならない。利潤は外部の人たちに何らかのプラスを提供してその報酬として得られるものです。したがって、たとえば内部の人がつくりたいといって、外部の消費者に役立たない商品をつくったりすると、売れないから、会社は儲からないじゃないですか。儲からないと、会社はつぶれます。官の場合は、たとえば在外大使館が外務省の予算を使って無用な宴会ばかりしていたり、私用の豪邸を建てたりしても大使館はつぶれません。とはいえ、民間の会社の場合でも、官と結びつくと、つまり官に保護されると、そのブレーキがきかなくなるわけですね。官と関係のない企業だったら自閉的共同体になると破産しますが、官に守られていると、破産しない。だから弊害が出る。害を及ぼす状態であっても存続できるということですよね。

たとえば戦国時代、武田信玄にしても、上杉謙信にしても、織田信長にしても、それぞれ配下の足軽というか雑兵をしたがえて戦をやっている。武将が馬鹿で見込みがないと思えば、当時の雑兵はさっさと逃げていって他の武将につくわけです。だから、戦国時代の大名は、戦術や戦略に秀でていないと生き残れない。ところが、近代の日本軍になると、馬鹿な指揮官がいて、愚劣な作戦に固執し、兵隊をどんなに馬鹿な死に方させても、陸士や海兵を出たエリートたちの自閉的共同体に守られてその地位は安泰なわけです。軍律に縛られて兵隊たちは逃亡できないから、想像を絶する悲惨な戦いになっていってしまう。そういうことなんですけどね。

三浦　それは、たとえばナチスにかんしても同じですか。

岸田　ナチスにしても同じでしょう。絶対権力を持つとそうなっちゃうんですね。ブレーキがきかないとどうしてもそうなっちゃう。ヒトラーという絶対者がいて、上層部の連中はヒトラーに気に入られてさえいれば自分の地位が安泰なわけだから、ヒトラーに気に入られるようなことしか言わないし、しないわけですよ。そうすると、ヒトラー自身は、すべての情報が入るわけじゃないというか、都合のいい情報しか入らないから、現実を無視した作戦を強行してしまうことになるわけですよ。「こんな馬鹿げた作戦をやったら成算はない」という判断を持った奴は排除されるわけですから。何万ものドイツ兵が餓死し凍死したスターリングラード戦なんかもその一例ですね。ナチスの崩壊もそういうことだったのではないかと思います。

三浦　ソビエトの崩壊にかんしてもそうだということですか。

岸田　そうだと思いますよ。その点、アメリカは大統領が四年で任期が終わるわけですから、多少のブレーキはかかるんじゃないかと思うのですが。帝国主義的で大統領の権限が強くて、馬鹿な戦争もやるけど、四年で馘になる可能性があるというところにいささか救いがある。

三浦　自閉的にならないための歯止めになっているわけですか。

岸田　いくらかは歯止めになっているんじゃないかな。いまや自閉的になっているようですけど、大日本帝国とかスターリンやヒトラーの体制に比べると、多少はブレーキがきくと思います。ニクソンだとかは任期途中で辞めさせられるしね。ジョンソンも反戦運動が起こって、再選挙の立候補を取りやめたわけでしょう。そういうふうに多少はブレーキが利く。

三浦　自浄化作用があるということですね。

岸田　ちょっとはね。

地球全体がいまや自閉的共同体になりつつある

三浦　だけど、アメリカの自浄化作用にかんしては疑問がなきにしもあらずですね。これまで太平洋戦争前後を全体として眺めなおしてきたわけですが、戦前戦後をとおしていちばん変わっていないのはアメリカと北朝鮮ではないでしょうか。北朝鮮はもちろん戦前には存在しなかったわけですが、岸田理論でいえば大日本帝国がそのまま存続したようなところがあるわけですね。近衛文麿の言う、大東亜共栄圏構想は左翼思想であり天皇制共産主義構想なんだという論理はそのまま北朝鮮に当てはまるわけですよ。

岸田　そうですね。

三浦　北朝鮮はまさに天皇制共産主義であって、関東軍が満州国に実現したかったものそのものじゃないですか。北朝鮮が変わっていないというのはそういう意味ですが、まったくおなじようにアメリカも変わっていない。その正義の論理において変わっていないですね。アメリカの正義はいつでもその欲望を覆い隠しているわけですよ。いわば、自分の欲望、自分が本当に実現したいことがいったい何なのか、そのことから目をそらすために正義という観念が使われている。そのことに少しも気づかずに戦前から戦後までずっと来てしまったということですね。そのことにおいてまったく変わっていない。その変わっていなさというのは異常なことだと思う。

岸田　そうかもしれないですね。大日本帝国の置かれていた状況を考えてみると、一種の被害妄想というか被害者意識があった。昔はＡＢＣＤラインとか言っていたけど、アメリカ、ブリテン（イギリス）、チャイナ、ダッチ（オランダ）の包囲網ですね。自分は正しい理想を追求しているのに、それをＡＢＣＤが囲んで妨げているという被害者意識、それが大日本帝国でした。いまの北朝鮮はまさにそのとおりでしょう。主体思想か何か知らないけども、それがアメリカ帝国主義に脅かされていると言うわけですから。大日本帝国が置かれていた状況に心理的に似ているというか、ほとんど変わりがないんじゃないかな。北朝鮮が内部崩壊するかどうか、疑問ですね。民衆は餓死しているというけれど、なかなか崩壊しないんじゃないかな。

三浦　自閉的共同体というのは崩壊しにくいということですか。

岸田　一般に内部崩壊はなかなかしにくいですね。
三浦　道路公団だって検察という外部が入って、ということだと。
岸田　外部の力が加わらないと、内部崩壊はしないんじゃないかと思います。
三浦　それと同じようなことがアメリカについても言えるんじゃないかという感じがするんですよ。つまりアメリカという国家の精神構造は変わらない。二十世紀になって世界の主導権がイギリスからアメリカに移りましたね。いまやアメリカだけが超大国になっちゃった。そのアメリカの一貫性というのは正義ですよね、アメリカの正義。アメリカの正義は疑われたことが一度もないですよね。原爆にしてもそうだけど、彼らは自分たちのやったことに対して根本的な反省をしたことがない。
岸田　ないですね、ええ。
三浦　原爆をやり、朝鮮戦争をやり、ベトナム戦争をやり、イラク戦争をやるというその論理はぜんぶ一貫していますよね。
岸田　対日戦争もそうですね。
三浦　そうですね。要するに、世界に正義を実現するという言い方でしょ。世界に正義を実現するというのは道路公団の官製談合を組織した人たちの論理と同じだと思う。つまり、まったく私心がない。みんなが丸くおさまるようにやっている。これは正義じゃないか、どこが悪いんだという論理。これはアメリカにかんしてもそうでしょう。
岸田　そうですね、はい。

三浦　そこを考えると、四年ごとの大統領選挙にしても何のブレーキにもなっていないんじゃないかな。逆にアクセルになっているんじゃないかな。

岸田　アメリカ国民の大部分が自閉的共同体のメンタリティになっている、そのアメリカ国民が選挙するんだから、それは歯止めになりにくいというのはそうでしょうね。自閉的共同体が崩壊するには外部からの力が必要なのに、アメリカの国民は外部になっていないということですね。権力体制では民衆は権力者の外部になるということがありうるんだけど、アメリカの場合はそうなっていないという恐れがありますね。

三浦　それが強まっているという気がしますね。この前、作家の水村美苗さんが新聞に書いていたけど、アメリカで海外の小説や思想の翻訳がすごく減ってきた、と。

岸田　もともとあまり多くなかったんじゃないですか。さらに減ったんですか。

三浦　それでもフランスに比べたらまだあった方でしょう。むしろ多い方だと思う。ヨーロッパ・コンプレクスが強かったから。十九世紀、二十世紀初めのアメリカの方がむしろ自閉的じゃなかったんじゃないか。

岸田　まだしもね。

三浦　逆説的だけど、モンロー主義というのはむしろ外側への意識でしょう。

岸田　ヨーロッパに対してアメリカを守るためという。

三浦　それが逆転したのは太平洋戦争のあとでしょう。世界に積極的にかかわるようになって、かえって根っこの部分では自閉性を強めたということですよ。
岸田　そうですね。自閉的になるには被害妄想、被害者意識のようなきっかけが必要ですけど、真珠湾なんかを攻撃されたのがひとつのきっかけになったのかもしれない。
三浦　ルーズベルトが真珠湾攻撃を聞いた瞬間に「これで勝った」と言ったという有名な話がありますね。トルーマンは、原爆を落とすまで日本には絶対……
岸田　降伏させるなと。
三浦　と言ったという話もあるけども、いずれにしてもルーズベルトにしてもトルーマンにしても人道的な罪ということでは、たいへんな犯罪ですよね。それを正義だ、正義だと言いつのる論理というのは、それは中国どころの話じゃないですよ。
岸田　そうですね。だいたい、悪い奴ほど正義を自称するのです。
三浦　怖いのは、そのアメリカに物を言う国がなくなって、地球全体がひとつの自閉的共同体になりつつあるのではないかということですよ。(笑)

自閉的共同体アメリカ崩壊の恐怖

三浦　たぶん、岸田理論が最終的に問題にしなければならないのは靖国問題よりも、そういう問題じゃないですか。アメリカの自閉性が強まって世界を巻き込む渦巻きになっている。おそらく公民権運動くらいが最後じゃないかな。

岸田　ベトナム戦争がきっかけになった公民権運動も多少ブレーキになりかかったけど、立ち消えになっちゃったですね。ベトナム戦争はやっぱり間違っていたんだという反省も少しは出た。しかし、アジアの小さな国に負けたという屈辱感が大きくて、その反省もひっくり返っちゃった。ベトナム戦争敗北の教訓も、政治的理由から北爆の期間と範囲を限定されたからだとか、核兵器を使うのを遠慮したからだとか、マスコミ対策がまずかったからだという話に移ってしまって、無神経に強引にアメリカの都合を押しつけたから失敗したんだという反省にはならなかった。ベトナム戦争の反省は、もっと強く、もっとうまく、もっと攻撃的にやれば勝てるという考え方へと転化しちゃったんですね。そして、ほかの国はいまや軍事力でいえば足元にもおよばない。そのためますます自閉的になりました。かつてはソ連が頑張っていたんだけど、いまや崩壊しちゃったから。もはや一人舞台になってしまった。

アメリカのそういう体質は国家の成立事情から説明できます。日本のようにあちこちから何となく人が集まって何となく国ができたわけじゃない。神の使命という正義を掲げて国家が成立したわけですからね。その正義が崩れるとアメリカ国家は崩壊するわけで、日本とはそこが違う。大日本帝国が崩れても日本は存続するけど、アメリカはその正義が崩れるとほかに束ねるものがないでしょう。だからバラバラになってしまう。アメリカという国が存続するには、自分たちに正義がある、正義を貫くために我々は生きているという幻想が必要不可欠なんですね。

三浦　ユーゴスラビアに似ていますよね。ユーゴスラビアはチトーイズムというか、マルクス主義によっていちおうは結束していたわけです。それが取れちゃった。取れちゃった次の瞬間にもう四分分裂しちゃった。その四分分裂は愛憎の激しい……

岸田　滅茶苦茶な殺し合いになりましたね。

三浦　それを考えると、もしもアメリカの正義がイデオロギーとして完膚無きまでに崩壊した場合には、その後の展開の方が怖いですよね。

岸田　それは怖いですよ。核兵器を持っていますからね。

三浦　世界的な次元でいえば、中国の崩壊とアメリカの崩壊は怖い。

岸田　でも、中国の場合は、中華思想といっても正義でもっているわけではないから。

三浦　混乱の度合は違うだろう。だいたい中国は経験済みで、元が倒れて明になり、明が倒れて清になり、清が倒れて中華民国ができかかって中華人民共和国になったということだから、まだいい。アメリカの場合にはそういう経験がないということですね。

岸田　ええ。中国は三国時代とかもあったわけだしね。異民族に支配された時代もあったわけだし。共産党が崩壊してもそれほど大きな混乱にはならないと思うんですけどね。

三浦　中国四千年の歴史は強いと。

岸田　と思いますけどね。食糧問題、水問題が起こって、かりに経済が崩壊して貧乏になって食えなくなって餓死する人が出てきても、中国は、ユーゴスラビアが崩壊したあとのようなことにはならないと思いますけどね。

三浦　むしろアメリカの方が怖い。アメリカが局地戦であれ何であれ、敵を必要とし、紛争を必要とするのは、建国の事情がもたらした神経症のせいである以上はしようがない。

岸田　やられる方はたまったもんじゃないですけどね。

三浦　たまったもんじゃないですね。

岸田　だけど、アメリカとしてはどこかで悪い奴を攻撃していないと、もたない。

三浦　ハリウッド映画みたいなものですね。（笑）つねに悪役を必要とする。

岸田　日本であれナチスであれソ連であれアルカイーダであれ、敵がいて、やっつけていないともたない。それは正義の敵ですからね、悪い奴がいないと、国がもたないんだよね。困ったものですけど。

三浦　そういう意味では、アメリカと北朝鮮は、極大と極小だけど似ている。

岸田　北朝鮮というのは朝鮮民族が持った最初の独立国家ですかね。

三浦　でも、白村江のあたりからいろいろなかたちでは国はあったわけでしょう。

岸田　あの頃は三韓でね、新羅と百済と高句麗に分裂していたわけでしょう。白村江の戦いで大和の勢力を半島から駆逐してそれで朝鮮民族という意識を持ったっていうことじゃないかなと思うけど、そういうことはなかったですかね。

三浦　韓国はどうなんですか。

岸田　いまの大韓民国はアメリカの傀儡のようなところもあるし。

三浦　ナショナル・アイデンティティというのはかなりいい加減なかたちで形成されるということですね。
岸田　それはそうです。
三浦　それは日本を見てもそうですよ。明治維新の前は、薩摩だろうが長州だろうがてんでばらばらに外国と協定を結んでいたんだから。さかのぼれば、鎌倉幕府の成立だって日本が東西が二分されたと考えることもできるわけです。
岸田　朝廷の政権は西日本の政権だったということですね。
三浦　幕府が東側だと。そういう意味では、日本というアイデンティティにかんしても色々な意味で微妙だということになると思います。どのような背景を持つ場合でも、建国のイデオロギーというものが作りものであることに変わりはないということでしょう。

アメリカがイスラム過激派をつくった

三浦　それにしても、問題は、アメリカがどんどん自閉的共同体というニュアンスを強めているということですね。それはもう、四年ごとの大統領選挙で、どうにかできるようなものじゃない。自閉性が強まれば強まるほど、イスラム過激派のような人たちが必要とされるわけです。イスラム過激派を必要としているのはアメリカだということにもなりかねない。
岸田　もちろん、アメリカですよ。ソ連が滅びたあと、イスラム過激派がアメリカをもたせているんです。だからアメリカが作ったんですよ、やっぱりね。

三浦　現実的に言えばそうですね。冷戦構造が終わって、いろいろな国で軍備が縮小されて、兵士の需要がなくなって、あぶれた連中がテロリストになった、と。それがアメリカの正義に反対する正義を掲げた、と。

岸田　あぶれた連中をまとめてひとつの組織に仕立てあげたのがアメリカだということですね。

三浦　理念的にも現実的にも、アメリカが作っているとしか言いようがない。アルカイーダのもとになった軍事教練もアメリカですよね。

岸田　アメリカの敵の作り方にはパターンがあるんです。相手をはじめは助けておいて、あとから侮辱するんですね。日本に対してもそうでしたが、ベトナムに対しても、今度のイラクに対しても、結局は侮辱して戦争に巻き込む。アメリカのいろいろな政策を見ていると非常に侮辱的なところが目につきます。捕虜収容所の問題にしてもね、あんなのは個人の問題ではないですからね。イラク戦争での「衝撃と畏怖」にしても、脅かせばイラク人は言いなりになるだろうという発想ですね。相手のアイデンティティを傷つける方に持っていく。侮辱された方はこのまま黙って引き下がれば末代までの恥だ、アメリカは絶対に許せないという気になるんじゃないかな。アメリカ人は自分のアイデンティティが不安定なものだから、アイデンティティが安定しているように見える国や民族を見かけると、そこを崩したくなるんですよ。

三浦　悪い癖ができてなおらなくなっちゃう。

岸田　そういうことですね。侮辱していることについては無自覚だと思いますね。無自覚なんだけどどこかで意識しているというありかたなんですよね。

三浦　でも、無意識だったらよけい傷つける。だって、意識してだったら注意すればいいけど、無意識だったら根っからそう思っているってことでしょう。

岸田　そうですね。

三浦　そうしたらもっとすごい侮辱ですよね。

岸田　日本の真珠湾攻撃にしても、アメリカの侮辱に対して怒っちゃったんですね。

三浦　そうですよ。怒らせるようなことをわざとする。日本の仏印進駐もそうだったんじゃないかな。向こうはきっかけを待っていたわけですよ。それで石油の輸出を止めちゃったわけです。怒らせるまで追いつめたわけです。で、岸田理論でいった場合には、いちばん大きい問題は、それを小泉純一郎や石原慎太郎が模倣しているんじゃないかということですよね。つまりアメリカ型のそのスタイルを知らないうちに模倣しちゃっているから、すごく侮辱的な……

岸田　中国に対して？

三浦　ええ。あるいは韓国に対して。それは小泉純一郎の場合は首相になる前と、首相になってからでは多少は違いますよ。首相になってからはさすがに言動に注意するようになったと思います。でも石原慎太郎の場合には東京都知事になっても変わってない。かつてアメリカにやられたことを、中国に対してやっている。そう解釈ができますけど、どうですか。少なくとも靖国問題にかんして、中国は「それは侮辱と受け取る」と言っているわけですよね。それに対してこっちは「侮辱じゃない」と言っているわけですよね。

岸田　そうですね。

三浦　そうすると、アメリカという大男のそばで、日本という小男が、その大男の真似をして、自分たちを侮辱していると、そういうふうに取るんじゃないかな。

岸田　それは確かにそうだね。しかし中国もちょっと真似しているんだと思うけどな。大日本帝国の。両方がやっているんじゃないかな。

三浦　ははあ。

岸田　攻撃者との同一視です。敵の真似をするというのは基本的な人間の衝動ですからね。戦前の日米中の三者関係では、喧嘩しているのはアメリカと日本で、中国の蒋介石はアメリカの傀儡政権だった。中国はアメリカの下で、アメリカの援助を受けている、けしからん、アメリカを追い出せ、そのためにはまず蒋介石をやっつけろ、という論理で、日本が頑張っているという構図だった。それが今度は、中国と日本が入れ替わったわけです。中国は反米的で、大東亜共栄圏という名目こそ出さないけれど、経済的にも軍事的にもアジアの覇権を握ろうとしている。アメリカをやっぱり排除する意図はあるんじゃないかと思う。今度は、日本が蒋介石の役回りになって、アメリカの傀儡、アメリカの手下になっているわけだから。だからかつての日・米・中の関係で、中国と日本が入れ替わっただけじゃないかと、そういうふうに考えられますけどね。そのなかで、日本が、虎の威を借る狐じゃないけれども、アメリカの真似をして、中国や韓国に対して侮辱的な態度をとっている、と。

近代は一神教の病理のひとつの症例にすぎない

三浦　三者のなかで同じ位置にいるのはアメリカですね。そこにも戦前から戦後にかけてまったく変わらなかったアメリカの姿を見ることができる。そういう意味で言えば、日本はたいへん大きく変わった。敵対者から手下になったわけですから。ところがしかし、現実的な面で言えば、旧陸軍の体質はぜんぜん検討されることなくそのまま残ってしまったわけですよね。JR西日本にしても、道路公団にしても、同じ体質が……

岸田　残っていますよね。

三浦　それは靖国神社を廃止しなかった。というところに端的に表れていると思う。

岸田　天皇も残ったし。

三浦　ええ。そういうことで言えば、中国はどうですか。たとえば、少なくとも日中戦争以前は、国家意識そのものがなかったですよね。

岸田　うーん、あまりなかったですね。

三浦　ないですよ、中国って。自分たちは世界だと思っているから、国家だと思う必要がなかったんですよ。

岸田　それが日本が中国を侵略する口実の一つでもあった。あの国は国家じゃないんだから侵略していいんだということですね。
三浦　それは、アメリカが、合衆国という「誰でも参加していいよ」というスタイルをとったのと似ているでしょ。
岸田　似ていますね。
三浦　つまりどちらも最初から世界国家なんですよ。先ほど「日本をアメリカのひとつの州にしてくれ」と言う人がいたという話が出ましたけれど、その問題を西垣通さんが『アメリカの階梯』という小説で扱っています。実際、タイミングが合っていたらそうなったかもしれない。中国にももともとそういうところがあって、朝貢してくるところならどこだっていいや、というところがあるわけです。だからいわゆる……
岸田　近代国家ではなかったということですね。
三浦　日本はアジアではじめて近代国家になったと嬉しがっていたわけだけれど。
岸田　だからそういう点で中国は変わったんじゃないですか。近代国家を目指しているわけじゃないですか、現代の中国は。
三浦　そこがいちばんのポイントですね。中華民国の段階ですでにあったけど……
岸田　多少はね。
三浦　人民共和国になった段階ではっきりと近代国家になった。

岸田　そしてナショナリスティックになったわけですね。ナショナリズムというのは、外国に侮辱されたり侵略されたりして発生するわけです。だからやはり、十九世紀の後半から二十世紀にかけて、日本に侵略されたということで、中国のナショナリズムが発生したのです。ナショナリズムが発生してはじめて近代国家という形態をとる。中国にしてみればかつてはチベットなんて辺境の地だったわけだから軍事的に支配しようとはしなかったと思う。それが軍事的に支配したくなってしまった。しかも、従わないチベット人を残忍に殺す。そういう点で、大日本帝国のコピーをしているんじゃないかと思うわけです。

三浦　そこで最終的な問題になってくると思う。自閉的共同体が具体的な問題になってくるのは近代になってからなのでしょうか。

岸田　近代以前、たとえば太平洋の島々にいわゆる未開民族が暮らしていて、それは一種の自閉的共同体だったかもしれない。だけど、その共同体には被害妄想もナショナリズムもなかったわけです。それと近代の自閉的共同体とはやはり違うでしょうね。現代の自閉的共同体は共同体外部に対して被害妄想があり、共同体外部を差別し、無視し、あえて自らのうちに閉じこもっている。

三浦　差別も被害妄想も人類とともに古いものじゃないですか。とりわけ自閉的共同体の弊害が近代になって特別に強くなるという要因はほかに何かあるんじゃないか。

岸田　ヨーロッパの植民地主義というのはそれ以前にはなかったでしょう。そのあたりに起点がありそうです。

三浦　バナールの『黒いアテネ』じゃないけど、エジプトの植民地がギリシアで、ギリシアの植民地がイオニアで、とか言っても、まったく意味がないですよね。要するにただ植民しただけ、移住しただけなんだから。

岸田　いまのパレスチナだって、イエスがいた頃はローマ帝国の植民地だったわけですよね。当時の植民地と、近代の植民地というのは同じかなあ……

三浦　ああ、ヨセフスの『ユダヤ戦記』なんかを読むと、かなり同じような気がしてきますね。植民地問題というのは結局、経済的問題であるよりも、自尊心、プライドの問題で、『ユダヤ戦記』でそれが明瞭になってくるのは、背後に一神教の問題があるからですね。つまり自尊心が一神教と重ね合わさるとこれは破局にまで突き進むわけで、破局になることによってそれがいっそうはっきりと見えてくるわけです。そういう意味では、近代という問題は、一神教の系譜、ユダヤ教、キリスト教、イスラム教の系譜と切り離しがたいということになるかもしれない。ナショナル・アイデンティティの起源は、民族とか人種にあるよりも、この一神教の系譜にあるんじゃないか。それこそ岸田理論の説くところでしょう。つまりバビロン捕囚あるいはそれ以前からはじまる……

岸田　ぼくは、ユダヤ民族は最初の被差別民族で、その被差別という状況から一神教が出てきたと考えているわけです。そのユダヤ教が、被差別を梃子にしてキリスト教になることによって今度は逆にローマ帝国を支配し、ローマ帝国をとおしてヨーロッパを支配する。そのキリスト教によって支配されたヨーロッパが、今度は世界を支配しようとする。そのように見ると、世界史の構造がきわめて単純明快に見えてくるのです。

三浦　ということは、みんなが近代、近代と言っているけれども、その実質は要するにユダヤ教からはじまる一神教の系譜のひとつの変容にすぎなかったんじゃないか。

岸田　と思うんですけどね。モンゴル帝国も一時期は世界を支配をした……

三浦　ええ、最大版図では……

岸田　西の方は東ヨーロッパくらいまで征服したわけですね。そのときの支配形態はどうだったのかな。

三浦　支配の形態はただ単純に流通だけですよ、一般的に言われているのは。

岸田　まあ税金くらいはかけていた。

三浦　まさに税金だけですよ。だから簡単明瞭に商業帝国です。物流、宅急便ですね。モンゴルという宅急便が中央ユーラシアを完全に管轄下に置いた。それはかつてのローマ帝国における地中海とまったく同じ意味ですよね。ユーラシアの両端においては物の値段に格差があるわけだから、そこで活発な物流がはじまる。その物流が産業を活性化させていくということですね。西洋史の一般的な常識では、したがって文化的な意味はなかったと言われているわけですが、たぶん嘘ですね。たとえばロシアが近代化つまり西洋化したとき、その状態を「モンゴルのくびき」とか言ったわけですが、本当はモンゴルの方がよほど寛容だったという説がある。むしろ、ヨーロッパ化したピョートル以降のロシアの方が非寛容だった、と……

信長も秀吉もスペインの真似をした

岸田　自分の文化の方が優れた文化であって、それを他の民族にも押しつける方が他の民族のためでもあるという考え方がはじまったのは、近代ヨーロッパが最初じゃないでしょうかね。中国の中華思想というのは中国が中心で、中国文化が唯一の文化であるけれども、それを他の民族にも押しつけるということはしなかった。

三浦　それはそうですよ。中国に宣教師はいないもの。だからそこが違う。儒教の宣教師って聞いたこともないしね。せいぜい仏教でしょう。だけど仏教は、基本的に言えば無神論の個人救済の思想でしょう。誰だって人間つまり自己意識がひとつの矛盾であるということには気づくわけですが、それをめぐって悩みたい人、金銭的にも頭脳的にも悩む余裕がある人だけが悩めばいいという発想ですよ。布教という発想が出てくるのは大乗仏教、浄土教が出てきてからですが、それもキリスト教のように激しいものではなかった。何と言っても一神教じゃないんですから、布教するにしてもカウンセリングというか、個人の心のほころびを縫ってあげるというようなものでしょう。強迫神経症のように布教しはじめたのはキリスト教やイスラム教であって、キリスト教がいちばんひどかったんじゃないですか。

岸田　そうですね。近代のヨーロッパに植民地化された民族の場合は、その布教に対するリアクションとしてナショナリズムが生じ、結局、近代国家にならざるをえないということになった。近代国家にならないと対抗できないと言いますかね。

三浦　だから、日本が長崎に出島を置いたのは、そのキリスト教に対する防衛措置でしょう。スペインは駄目だけれども、オランダはいい、カトリックは駄目だけれども、プロテスタントはいい、あの人たちは勝手にずけずけと入ってはこないからという理論ですね。ヨーロッパ文明の本質を見抜いていた。（笑）

岸田　当時はスペイン帝国がフィリピンまで植民地にしていたわけだし、日本だってもぼやぼやしていたらスペインに植民地にされていたかもしれない。（笑）日本は植民地にできなかったと思いますけどね。

三浦　それは無理ですよ。水準が違いますよ。スペインより日本の方がその段階では文明の水準が高いですよ。文化的な伝統の水準は比べものにならない。残虐性においてはどっちがどっちかは分からないけれど。もっとも織田信長を引き合いに出せば、残虐性においてさえも日本の方がスペインより上かもしれない。信長の方が合理的だから。何か突然、すごく国粋的になってしまったけど。（笑）

岸田　しかし、織田信長は多分に一神教的だったんじゃないかと思うんだけどね。彼はスペインのコピーをやったんだと思います。スペインの影響がなかったら信長は出なかったんじゃないかな。

三浦　ああ、それは新鮮な視角ですね。スペインというかカトリック。

岸田　カトリックとスペイン。当時は一体ですからね。

三浦　織田信長とキリスト教、これは熟考に値しますね。フロイスの『日本史』を読むととくにそう思いますが、信長にはキリスト教に対する親和性があって、それで徴兵制に近いものを作り、全員に鉄砲を持たせ、軍隊の階級を大衆化したと。
岸田　そういうところがいっぱいあるね。
三浦　全面的に近代ヨーロッパを先取りしていますね。
岸田　だからあれはキリスト教というか、キリスト教スペインの真似でしょ。モデルがなくて、あれほどのことができるかなあ。
三浦　信長がスペインの影響を受けたということはありえますね。
岸田　真似と言っては、信長に悪いかもしれないけど。（笑）
三浦　軍隊の階級の大衆化の必然として秀吉が出てきたと。
岸田　秀吉も韓国、中国を侵略しようとしたけど、あれも真似じゃないかと思うんです。スペインは当時、世界を股にかけて植民地帝国を築いていたわけですからね。自分もちょっとやってみたかったんじゃないか。
三浦　そういう意味では、徳川家康にあたる人物が大日本帝国陸軍にはいなかったということですね。
岸田　そうですね。
三浦　何か野球観戦みたいな話になってしまうけど、信長に最後まで投げさせたかったですね。（笑）

秀吉のリリーフ、家康の抑えというかたちで展開したわけだけど、信長が完投していたらどうなっていたか、見てみたかったという気がする。

一神教は自閉的共同体になりやすい

三浦　大日本帝国陸軍にかんして言えば、何人かが束になって信長の役割をどうにか果たし、勢いに乗って秀吉にもなったつもりだったけれど、最後を抑える家康の役をになう存在がいなかったということ。

岸田　いなかったんですねえ。

三浦　信長、秀吉、家康ともに、外国にはかなり敏感だったと思うけれど、その要素が足りなかったということでしょうか。自分で自分の目を曇らせてしまった。完全な自閉的共同体になってしまった。これはとても重要な問題だと思います。それと、先ほどの、宗教がどうかかわるかという問題。自閉的共同体に一神教が重なった場合、十字軍になったり、イスラムの聖戦になったりするわけですから。

岸田　一神教と自閉的共同体とがどう絡むかはよくわかりませんが、たとえば日本には、皇居の天皇のほかに、あちこちに天皇と言われる人がいるでしょう。あれは自閉的共同体の特徴ですね。

三浦　ああ。企業であれ自治体であれ、そういう人がいますね。

岸田　あれは自閉的共同体になっている症状だと思う。

三浦　そうですね。それを打破する装置をつくらないと具合が悪い。

岸田　そうです。でも自閉的共同体というのは共同体の内部のメンバーにとっては非常に居心地がいい。そこが問題なんです。他の人の犠牲の上に成り立っているわけだから。道路公団にしても、あれはいわば国民の金を搾取しているわけだから。その金でみんなが天下りしたりして快適で豊かな生活を送っているわけだから。それで、仲間内ではお互いに「気心の知れたいい人だ」と認め合って、和気藹々と仲良くやっている。

三浦　そうですよ。自民党の代議士は「あれほどいい人はいない、そういう人を逮捕するとは何ごとか」と言っているわけだから、自分たちのつくった法律は表向きで、ほんらいはそれを破るためにつくっているんだと公言しているようなものでしょう。何のために国会があるのか分からないよ。(笑)本来的には道路にしても何にしても安全なものが合理的な価格でちゃんと出来ればいいわけです。談合がどうしても必要なら、安全で安い道路をつくる談合の法律をつくればいいのであって、そんなものがありうるかどうか分からないけど(笑)、そういうことに智慧を絞るのが代議士の仕事でしょう。税金のかかっている問題だから、このやり方ではまずいと、全体的にもっと下げる努力をしなければならない、それにはどういう方法があるか考えるべきです。それがまったくない。考えているのは猪瀬直樹のような外部の人でしょう。

岸田　そこで、猪瀬さんのような外部の人に不正を指摘されるとびっくりして「誰だ！　平和を乱す奴は」と怒るのです。

三浦　二枚舌なんですよ。現実には必要であるけれど、表向きはやっていないということにする。それが分からなければ一人前ではないという論理でしょう。検察官だって官僚なんだから同じことをやっている、事実、そういう裏金事件があったじゃないか、と。事情は百も承知なのに、突然、表向きの論理でやってきたというのは、裏に何かあるからだ。自民党の代議士はそう言っているわけです。二枚舌を使うのが自閉的共同体をになう政治家と官僚の暗黙の掟ではないか、それを破るのはけしからん、と。

岸田　二枚舌というか……

三浦　内側に対する論理と外側に対する論理を使い分ける二重構造というか……

岸田　建前と本音をうまく使い分けるというか。

三浦　国民一丸となって大東亜戦争を遂行した。にもかかわらず、敗戦後、一部の軍人が悪かったのであって日本国民もまた犠牲者だったというのは欺瞞だと、岸田さんがおっしゃる、その同じ論理がここでも使われていますよね。

岸田　そうですね。

三浦　談合は建設業界を維持するには必要不可欠だ。かといって、それを表に出すわけにはいかない。したがって、表向き談合はないということにする。精神分析がメスを入れることができるのはこういう構造にかんしてでしょう。

岸田　しかし、精神分析は構造を理解することはできるけれど、その構造に現実的にどういう弊害があるかは本人が気づくしかないですね。被害者が気づかせるというか。神経症や精神病の治療は結局そういうことですからね。

三浦　ですから問題は、なぜ、道路公団にしても何にしても自閉的共同体という日本陸軍が通ったのと同じ轍を通ってしまうのかということです。神経症ですよ。そこまで考えると、靖国神社はまず一度は廃止しなくちゃいけないということになりますよ。

岸田　そうですかねえ。

靖国神社をナショナル・アイデンティティにする論理

三浦　日本陸軍という自閉的共同体の精神的支柱になってきたのが靖国神社です。靖国神社が支えのひとつになっていた。自閉的共同体のいちばんの支えというのは「靖国で会おう」という言葉ですよ。いちばん人口に膾炙したと言われている。

岸田　「靖国で会おう」「靖国の庭に咲く桜の花になる」なんて特攻隊員も言っていたわけですからね。

三浦　そういう仕組みをつくってしまったということです。謀略につぐ謀略で国民の眼を欺きながら日中戦争をやってしまったことは失敗したから悪かったかもしれないけれど、自分たち官僚と軍人が一般国民より頭脳明晰なのは自明であって、愚昧な一般国民を欺く自閉的共同体の仕組みそのものは別に悪いわけじゃないと言って参拝しているように見えるわけです。見えるだけではない。日本は戦前から戦後にかけてその仕組みはまったく変わっていない。満州政策を遂行した新官僚の中心で、それこそ頭脳優秀なる岸信介が首相になったというのが典型的です。戦中、多少は冷飯を食ったにしても吉田茂にしても同じようなものだ。つまり戦前の自閉的共同体の一翼をしっかりと担った連中がぜんぶトップでやってきたわけですよ。それにかんして、『官僚病の起源』の著者としては、やはり「もう少しみんな目がさめてくれなきゃ困るよ」と言わなくてはならないのではありませんか。

岸田　うーん。いずれにせよ、ぼくは、国家の存続を認めるなら、そのためには靖国神社のような施設が必要だと思っているのです。

自我構造を内的自己と外的自己とに分ける理論があります。外的自己は外向けの自分で、内的自己はアイデンティティの支えです。内的自己というのは本人が自分はこうだと思っているもので、自分の存在価値の根拠になっています。もちろん、本人が思いこんでいる内的自己というのは、実際は、他者から見ればとんでもないもの、舞い上がっているだけのものが多いわけです。しかし、多少は己惚れて舞い上がりでもしないかぎり人間は生きていけない。だから、他人の眼にはとんでもないように見えるアイデンティティであっても、本人にとっては、それをどうやって維持するかということが問題になってくるわけです。人間は理性的なだけではアイデンティティは保てない。人間はそんなに利口じゃないのです。だから、それは間違っているから廃止しろというように、単純にはいかないと考えているわけです。かつてぼくは、大蔵省（当時）、厚生省（当時）、外務省、文部省（当時）などが自閉的共同体になっていて国民に多大の害を及ぼしていると批判し、いくつかの省庁の廃止論を唱えたことがありますが、国を運営する以上、自閉的共同体になっているからといって、すべての省庁を廃止するわけにはゆかない。靖国神社が日本軍という自閉的共同体の精神的支柱であったことは事実ですが、それ以外の役割もあり、それだけで廃止するのはいかがなものか。

三浦　でも、それが靖国神社でなければならない理由は何ですか。戦没者の慰霊碑とか、そういうようなものではいけないんですか。

岸田　そうは言いません。だけど、靖国神社を戦没者の慰霊の神社であるとするのが、なぜいけないんですか。

三浦　多くの人が言うように、大東亜戦争を肯定し、東京裁判を否定しているからであるとも言えるでしょう。だけどいちばん大きいのは歴史的な背景で……

岸田　しかし歴史的な背景でいっても……

三浦　旧陸軍の自閉的共同体というのを支えてきたわけで……

岸田　結びつける？

三浦　いや、結びつけるのではなく、支えるバックボーンになっていたんですよ。

岸田　それはそうです。日本軍は自閉的共同体となり、誤った道を進んで、多くのアジア人にだけでなく、日本国民に多大の被害をもたらしたわけです。だけど、その事実と、その事実を踏まえた上で、そういう戦争で死んだ人たちを慰霊するということとはまた違うのではないですか。死んだら靖国神社に祀られると思って戦死した人がいるし、そう信じている遺族もいる。彼らが間違っていたと決めつけてもはじまらない。彼らがいるかぎり、靖国神社はなくしてはならないと思います。それとも靖国神社を存続させることが軍国主義を復活させるとでもいうのでしょうか。

三浦　軍国主義が復活するかしないかというたぐいのことじゃないですよ。極論すれば、いま軍国主義を復活させようと思ったら、国防予算のすべてを研究費にして、一発で地球を破壊することができる、そういう仕掛けをつくってしまえばいいんだから、そんなことは簡単なことだと思いますよ。オゾン層を破壊するのでも何でもいい、人類を全滅させる仕掛けをつくって、攻撃された場合には人類なり地球なりを自滅させると言えばいい。アメリカは現にそれだけの核兵器を持っていて人類を人質にとっているわけだから、対抗するにはそれしかない。人類の科学的なレベルはもうそこまで達しているわけだから、人類全体としてそのことにもっと自覚的にならなければならない。だから軍国主義復活云々ということはないと思いますし、そんなことを言っている場合じゃないと思います。いま問題にされていることは、要するに靖国神社は旧陸軍のやってきたことを肯定している神社なんだということですよ。

岸田　はいはい。

三浦　それははっきりしている。靖国神社の宮司が明言していることです。だから、祀られている側にしても、冗談じゃないよという議論が出てくるわけです。靖国神社に祀られるためにやったわけじゃない、と。歴史の歯車はいかんともしがたいけれど、国家でまとめて祀られるなんて「わたしはいやだよ」という議論もあるわけです。ぼくだったらそうですね。そういう人間が多いと思う。

岸田　そういう人間もいると思いますが、そうでない人間もいるのではないですか。そうでない人間はどうなるのですか。

三浦　個人個人、一人一人が……

岸田　国家も一個の人格にしかすぎないわけですよ。

三浦　だったら、戦没者慰霊碑で十分じゃないですか。一人一人が祀られているわけですよ。しかも、官民一体でやっている。戦没者のリストは厚生省から来るわけですよ。遺族年金のリスト、軍人恩給のリストなんかと繋がっているわけですよ。自動的にあそこに祀られるんですよ。

岸田　祀られることと、軍人恩給は……。

三浦　もちろん靖国神社に軍人恩給が行くんじゃないですよ。戦没者、遺族のリストは厚生省から送られているわけでしょう。

岸田　はあはあ。

三浦　靖国神社は官民一体の神社だと称しているわけです。戦前、うちは日本政府の神社でした、戦後アメリカ軍が来て嫌がらせしてから、表向きは民間のような顔をしているけれども、じつは政府機関なんです、と、頑強に主張しているわけです。政府もそれを公認していることは首相をはじめ参拝していることからも明らかでしょう。それはやはり現実的に言って、中国にかんしても韓国にかんしてもフィリピンにかんしてもシンガポールにかんしても何にかんしても、嫌がらせとしか見えないですよ。いい顔をするのは直接的な被害を受けなかった地域、たとえばインドなんかだけじゃないですか。旧陸軍のやったさまざまな問題にはまったく決着をつけないで、その旧陸軍を祀った神社だけは参拝するというのは、ぼくがやられた方だったら自爆テロでも何でもしたくなりますよ。決着がついているのはアメリカとかイギリスとかオランダとかオーストラリアとかの捕虜に対する犯罪だけで、要するに日本がコンプレクスを抱いていたヨーロッパの国々に対してだけで、戦場となった現地の人々に対する対応はほとんどなかったわけですよ。アメリカというのはひどい国で、アメリカ軍の兵士が一人殺されれば、十人は殺し返すという国です。だけど、現地の住民にいたっては千人殺されようが二千人殺されようが……

岸田　アメリカは気にしないようですね。

侮辱が侮辱を呼ぶ国際関係

三浦　日本の場合、現地の住民にかんしてはほとんどケアしないで、賠償とかいっても、日本企業の進出とからんだような賠償でしょう。中国の場合は借款ですね。しかも、毒ガスはじめ、具体的な戦後処理は何もしていない。まあ、しようがないかと思って我慢していたところが、荒らしまわった連中を神社に祀って、そこに日本の首相が毎年、参拝に行くというのでは、頭にくるのが普通でしょう。とすれば、小泉は無意識のうちにアメリカに倣ってこっちを侮辱しようとしているんだと取られてもしようがない。ブッシュがイラン、イラクを侮辱しているのと同じ論理で小泉も中国を侮辱している。アメリカの場合は、良くも悪くも、世界戦略の上で侮辱しているわけだろうけど、日本の場合はたんなる思いつきで侮辱しているだけじゃないですか。侮辱されたと感じると言っているのに対して、そのつもりじゃなかったと言って同じことを繰り返すというのは、個人のレベルで言えばどういうことになりますか。もっとはっきりとした侮辱になるだけじゃないですか。それだけの危険を冒してまでして、日本のナショナル・アイデンティティのためになりますか。どこがナショナル・アイデンティティですか。アメリカの場合は、アルカイーダを侮辱し、イラン、イラクを侮辱して、結束を固めることになるかもしれないけど。

岸田　アメリカに迎合しているんですかね。

三浦　だと思いますよ。アメリカとしてはそんなこととしてもらったって別にどうでもいいだろうけど、それこそ岸田さんがおっしゃるように「日本と中国の仲が悪くなるのはアメリカにとってはいいことだから」というところでしょう。

岸田　日本はアメリカの忠実な子分ですからね。しかし、田中角栄の例から分かるように、日中友好を推進すればアメリカの反発を買うことは確かですが、中国を怒らせてアメリカを喜ばせるために靖国参拝をしているとは思えませんですがねえ。

三浦　いずれにしても先へ行った段階で、たぶん子分をやめなきゃならないときがくるということです。自立しなきゃならない。そのときの第一のナショナル・アイデンティティが靖国神社だなんて、ぼくは嫌ですね。旧日本軍、日清日露はまだしも、大東亜戦争を遂行した旧日本軍が第一のアイデンティティになるというのは嫌ですよ。たいていの人はそう思うと思いますよ。もちろん同じことは中国においても起こると思います。中国においても、共産主義というイデオロギーではなく中国というナショナル・アイデンティティだけで自立しなくちゃいけないということでしょ。いずれ。たぶん。

岸田　そうですね、はい。

三浦　それだけじゃなくて、国家という組織、国家というイデオロギーが本当に必要なのかどうかということになるでしょう。

岸田　そこまで議論するのは難しい。

三浦　核兵器という最終兵器が登場してしまった以上、国家間戦争はちょっと無理で、結局はゲリラというか、戦争と犯罪の接点みたいなところで争うだけになってくれば、軍隊は有名無実化して、基本的には警察機能だけになるでしょうね。違いますか。

岸田　そうですね。ぜんぜん、そのうちいらなくなると思うけどね。

三浦　警察機能を併せ持った、あるいはそういう機能に特化した軍隊というようなものになるかもしれない。そういうことをすべて考えたうえでも、やっぱり靖国参拝はやっておいた方がいいということになるわけですか。

岸田　中国が大日本帝国のコピーをやっているという恐れがあると思っているから……

三浦　それに対して靖国参拝がブレーキになりますか。
岸田　ブレーキにはならないと思いますが、中国は、日本を屈服させるひとつのシンボルとして靖国参拝をやめさせようとしているかもしれない。中国側からそういうように言われたときにやめるというのは、やはり中国のそういう野心を煽るというマイナスがあると考えられますよ。
三浦　かりに野心を煽ることになっても、理が少しでも向こうにある場合には、こちらは引くべきでしょう。ドイツにまで日本は反省していないと言われているわけですよ。よけいなお世話だと向きになるよりも、そういうふうに見る連中がいるという事実に注意すべきでしょう。
岸田　ドイツにまでと言いますが、ドイツ人はホロコーストをやったドイツのレベルまで日本を引き下げ、日本を同罪と見なして、日本と比べてドイツの方が真剣に謝罪しているという論理でドイツの罪を軽くしようという傾向がありますから、ドイツ人の発言はあまりまともにとらなくてもいいのではないかと思います。
三浦　ぼくはそれに対しても異論がないわけじゃないけど、かりにそうであったとしても、中国の野心を冷ますには別な手段を用いるべきでしょう。相手が嫌がっていることを強行するよりも、相手の真意を聞いてじっくり考えるべきでしょう。そして相手を納得させるべきでしょう。たいていの人間だったら簡単にできるそんなこともできないから、六ヵ国協議でも馬鹿にされた印象になってしまったじゃないですか。韓国だって拉致問題では日本以上に被害者でしょう。アメリカはそれこそ正義の人権外交の国でしょう。それだけのカードが揃っていて何もできないというのは、小泉が無能なのはもちろんだけど、外務省がもっと無能だからでしょう。靖国問題で、日本は旧日本軍をナショナル・アイデンティティとしてやっていきます、よろしく、と言ったのに対して、そりゃ聞えませんと中国、韓国が言ってきた、それに対してそんなのこっちの勝手だろうと言い返した。そうなれば国際会議のひとつやふたつで日本を侮辱しなければ腹の虫がおさまらないのが普通ですよ。実際、そのとおりになっているじゃないですか。まるっきり恥さらしで、いったいぜんたい日本の外務省というのは何をしているんでしょうかね。

岸田　日本の外務省は何も仕事していませんからねえ。

靖国神社は日本国家維持のために必要か

岸田　いずれにしても、国民のコンセンサスが得られるなら、中国の要求に屈したというかたちではないかたちで参拝をやめるのはいいと思いますけどね。

三浦　中国の要求に屈したというよりも、国民の要求に屈したと思った方がいいんじゃないかな。この際、ほかならぬ小泉を助けるために大規模な靖国参拝反対のデモでも組織するしかないですかね。（笑）国民の要求に屈したというのは理にかないますよ。どう考えても、戦後処理にかんしてはやっていないですよ、日本は。アメリカとイギリスにかんしては平身低頭やっちゃったけど、他のフィリピンだとかシンガポールだとか中国本土とかあっちの方にかんしてはほとんどやっていない。

岸田　そうですね。太平洋の島々の原住民だってだいぶ残酷に扱っている。アメリカの捕虜を殺したというようなことはアメリカが徹底的に調べているけど、原住民を殺したというのはアメリカもそれほどは調べないわけですね。だから日本のごまかしが通っている。

三浦　そうですよ。しかも、命令されてそれをやった人たちも気の毒なことに飢え死にしたり病死したり……やった人を気の毒というのも変だけど、彼らも犠牲者というのもまったくそのとおりで、最終的にはアメリカ軍によって玉砕させられているわけですよ。しかも、彼らは自閉的共同体の中で教育されていた連中なんですよ。つまり靖国神社に祀られた連中は、将兵ともに、四六時中、生きて虜囚の辱めを受けず、つまり捕まったら自殺しろと、年がら年中言われていたし言っていたわけですよ。だったら、捕虜を捕まえたら殺した方がいいと思うのは当然でしょ。靖国神社の連中は、捕虜は人道的に扱うなと言っていた連中なんです。強制連行だろうが生体実験だろうが、何でもしろと言っていた連中。そこに羽織袴で毎年お参りに行きますというのは醜悪ですよ。その醜悪さの背後に何があるかと言えば、日本は、中国にも朝鮮にもフィリピンにもどこにも負けていない、ただアメリカに負けたんだとしか思っていないという事実がある。アメリカさえいなければ、アジアの全域はどうにでもなったと思っている。そうなった方が良かったと思っている。だから、中国をはじめとする東アジア、フィリピン、インドネシアなどの南アジアに対しては平身低頭しないんですよ。靖国参拝はそういうことを感じさせる。靖国参拝にアメリカもイギリスも抗議しないのは、日本が心底、自分たちには負けたと思っていることを確信しているからです。中国や韓国は日本が心底、反省しているとは思っていない。だから反発するんですよ。岸田理論から言うとそういうことになるでしょう。
岸田　そうかなあ。
三浦　しかも、岸田理論から言えば、財務省をはじめとする省庁にしても道路公団にしてもＪＲ西日本にしても何にしても旧日本軍そのままの自閉的共同体であって、その象徴が靖国神社であることは明らかで……
岸田　でも靖国神社はそういうひどい連中だけ祀られているわけじゃないからね。
三浦　そんなこと言ったらこの世に本当の悪人なんていませんよ。東条英機に対してだって「やっぱり立派な人だったんですね」と言う人はいっぱいいるわけですよ。一人ひとりを見れば、立派な父親であり、いいお兄さんであり、優れた息子に違いないんですよ。道路公団で捕まった副総裁や元理事にしても、代々やってきたのになぜ俺のところでこんなことになるんだと思っているでしょうが、子として兄弟として父として、とくに同僚としては、それこそ立派な人だったんじゃないですか。
岸田　戦場で残酷だったけど、個人的にはいい人で、優しい人だったから悪い人ではないなんてことをぼくは言ってませんよ。そんなのはまた別の次元の話ですよ。病的なサディストでもないかぎり、戦場で人殺しをする人が個人的には優しいなんて当たり前です。家族に優しいというのは何の無罪証明にもなりません。しかしこの靖国神社に祀られている人たち全員が原住民を虐殺したわけじゃないでしょう。

三浦　だから誤解されないようにそれはやっぱり廃止した方がいいんじゃないかということです。積極的に遂行し、実際に戦争犯罪としか言いようのないことをした人たちもそうでない人たちもぜんぶ一緒に入っている。それはなくした方がいいんじゃないかと。そして、もしも必要なら別個な慰霊碑をつくる方がいいだろうと。だけど、ぼくは、国家が戦死者を慰霊するというのは、百害あって一利なしだと思いますよ。

岸田　それは国家の維持ということもからんでくるから、そうとも言えないと思いますがね。

三浦　そうかなあ。フランスにナショナル・アイデンティティがあるのは、フランスはフランスなりの靖国神社を持っているからでしょうか。ナショナル・アイデンティティというのは違うところにあるんじゃないかと思うけれど。

岸田　それはそうだけど、国家を守るためには、現段階では軍隊が必要だとすれば、そういう施設が必要であることは当然でしょう。軍隊というのは死ぬかもしれない勤めなわけだから。死んだ人を顕彰しないと、みんな仕事しないですよ。祀ってあげないと意気が上がらない。そういうところがあると思うんだけどなあ。死んだら人間はおしまいだけど。

三浦　殉職ということはあって、それにかんして敬意を表するのは当然だと思います。だけど、戦争は違いますよ。慰霊碑、忠魂碑ができたのは近代になってからであって、国家をそれ自体が目的であるようなひとつの理念として扱うようになってからでしょう。とくに靖国神社は違いますよ。間違ったことをしたも何も、自閉的共同体で、外部を考えることなく、ただ内部の関係の論理だけで日本を破滅に引き込んだんだから。

岸田　それを正当化することになるということ？

三浦　もちろんですよ。靖国神社が、それこそこの前の大蔵省の腐敗だとか、道路公団の腐敗だとか、そういう自閉的共同体がもたらす諸悪の根源ですよ。みんな立派に旧日本軍を見習っています。原住民どころじゃない、人間蔑視の思想ですよ。特攻隊とか、自爆テロの起源でしょう。自爆テロはそれこそ自閉的共同体の典型じゃないですか。騙されて特攻隊になって死んだ人が可哀想だからと言って、それを命令した連中と一緒に神さまにして、それを首相が拝んで、それで日本のナショナル・アイデンティティが保たれるなんていう論理は、岸田理論からは出てこないですよ。だいたいにして、小泉はもちろん、みんな死っていうこと自体がよく分かっているようには見えない……

岸田　それはそうだけど。（笑）

三浦　自分が死ぬということにかんしても、まともに考えたことが一度でもあるかと、尋ねたくなるような人相をしていますよ。マルクス主義が終わって、これからいよいよ精神分析が重大になってくるでしょう。考えなければならないことは山ほどあって、その中でも、国家、軍隊、経済、宗教なんてのは徹底的に考えられなければならない。ぜんぶ、人間の自己というものの不思議さにかかわっているわけで、それこそ岸田さんがずっと主張しておられることの延長上で考えられなければならないものです。そういうことがいっぱいある。そういう問題と関連させて言えば、靖国問題にしてもまったく違うかたちで見えてくるということです。だけど、とりあえずのところ岸田さんが言いたいのは、中国の言いなりになるのは中国にとっても日本にとってもよくないということでしょう。

岸田　現段階ではね。

三浦　両方にとってよくないということだったら別の解消の仕方がいっぱいあると思うんですよ。岸田理論は人間を見る見方そのものを根本的に変えるものです。それにしたがって、神社というもの、宗教というもの、国家というものだって、まったく別なものに見えてくるわけです。靖国参拝は中国をのさばらせるから良くないなんてことは、何か、正宗の名刀で大根を切るという感じがしてしまう。（笑）

素朴な論理こそが最大の加害者になる

三浦　それとは別に、岸田さんのお考えでも、まず、靖国神社に祀られている人々が具体的にどこで何をしたのか、ちゃんと調べて、その調べたことを国民全体が知っておくべきだということがあるわけですね。

岸田　もちろん事実関係を正確に知っておくことは必要でしょう。知らないから、日本の国民に戦争の罪悪感が薄れてきているということはあるかもしれない。日米戦争でも日中戦争でも、現実に日本軍がどういうことをしたかということを、どういう目的を持って戦って、現実にどういう悪いことをしたのかということをもっと教育によって徹底して教える必要があるとは思います。そんなことは本に書いてあるのに日本国民は読まないわけですから、やっぱり教育の問題ですね。学校教育なんかでも、日本が実際に何をやったかを正確に教えるとか、そういうことですね。日教組みたいにワンパターンで一方的に日本が悪いという決めつけ方があるけれど、もっと公平にというか、客観的に教えなければならない。

三浦　それはそうですよ。でも、たとえばクリストファー・ソーンの『太平洋戦争とは何だったのか』というような本が出て、翻訳が刊行されているでしょう。つまり、日本だけが一方的に悪かったわけではないということが、当時の国際関係を多面的に分析して、明らかにするような本が出てもいるわけです。イギリス、アメリカにとっての太平洋戦争という視角によって日本の悲劇がこれまでとは違ったかたちで浮き彫りにされています。そういう本が次々に出ている。

岸田　そういうさまざまな視点を加えて、太平洋戦争と言われているものの本格的な理解を国民的に広げて、そのうえで、日本国民が靖国問題をこのままにしておいてはいけないという、そういう……

三浦　コンセンサス……

岸田　ができてからやらないとね、いま突然、参拝をやめるという問題にするのではなく、もっとよく考えなければならないでしょう。とにかく、やはりいまの中国の態度は帝国主義的な態度ですよ。たんに日本に悪いことをされて、日本から被害をこうむって、日本が謝っていないから腹を立てているという単純なものではないと思うんですね。

三浦　軍事費の年率一〇％以上の膨張とか、台湾への威圧的な態度とかを見ていてもそう思うということですね。

岸田　ええ。ここで靖国問題にかんして譲ると、中国を図に乗らせる危険があると思う。

三浦　しかも戦前の伝統的な中国とはもはや違うということですね。つまり近代ヨーロッパに遅れて影響を受けたから、かつての近代ヨーロッパ、たとえばナチス・ドイツとまではいかないまでも、そういう要素を持っているんじゃないかと。

岸田　大日本帝国的な要素を持っているんじゃないかと思うんですね。

三浦　中国自体が大日本帝国になりつつあると。

岸田　これは被害妄想かもしれないし、確固たる証拠もありません。だけど、日本の領海を潜水艦で潜行するということは意図的な行為に決まっているわけですからね。たまたま間違って入ってきたなんてものじゃないですよ。日本の反応を試したんだと思いますよ。中国は最近よくそういうことをやるでしょう。

三浦　アメリカも軍事的にはイラクと中近東の紛争で手いっぱいで、とても極東にまでは手が回らないと。そういうことを考えると、いまここで中国になめられてはまずいのではないか、と。

岸田　と思うんですけどね。

三浦　うーん。むしろ米日韓の軍事的連携の方が脅威になっていると思うけれど。

岸田　だから、靖国問題は外交交渉で腹を割って、どこが不満なんだと率直に尋ねて、我々の事実認識と付き合わせて論議するというのは非常にいいことだと思いますよ。それで、日本国民が「ああ、そうだったのか、やっぱり」というようになれば、靖国参拝の是非も違ったかたちで見えてくるでしょう。だけど、現実には、まだ少なくとも三分の一くらいの日本人が、靖国神社は大日本帝国のために戦った英霊たちを……

三浦　讃える……

岸田　讃えるためというか、慰霊するために必要だと考えているわけでしょう。そういう人が、少なくとも国民の三分の一くらい、どんなに少なくとも一割くらいはいるわけですよ。

三浦　そういう人たちがいちばんの被害者だったということでしょう。でもぼくは逆にそういう人たちこそ加害者だったと思う。

岸田　被害者であり加害者なんですけどね。

三浦　彼らがそういうふうであったから、本当は行きたくなかった、死にたくなかった人たちまでを殺してしまったんだとしか思えませんね。被害者か加害者かなんてどうでもいい、事実はお国のために死んだだけだ、そのお国のために死んだという事実だけは誰もが分かるべきだという論理でしょう。だけど、それがつまり自閉的共同体の論理ですよ。道路公団の官製談合で逮捕された人たちも、道路公団を守るために捕まった気の毒な人たち、いわば英霊だと内部からは言われているに決まっていますよ。自民党の代議士がそう言っていました。みんな立派な人だと。同じ論理です。難しい理屈はどうでもいい、未来のある若者たちがお国のために死んだんだ、その若者たちの魂を祀った靖国神社はだから重要なんだ、絶対に残しておいてくれ、というような人たちこそが、本当は若者たちを殺したんですよ。たんに肉親への愛情と素朴な善意にあふれた顔をしている人たちこそ、まさに最大の加害者だったんだ。彼らの素朴な論理で、若者たちを殺しただけではない、現地の住民をも殺したんですよ。そういう面もあるわけです。

岸田　そういう面はあることはありますが、そんなことを言うなら、戦争中、戦後に反対した人以外はみんな戦犯ということになりますね。

三浦　国民は素朴でいい人ばかりですよ、たぶん。だけど、それが理屈抜きでぜんぶを許してしまうわけです。ロンドンで自爆テロをやった連中だってそうでしょう。全員、若い。それを素朴に祀りたくなる連中もいるでしょう。同じ論理ですよ。当然です。だけどそれは、さらなる自爆テロを惹き起こすでしょう。

屈辱が世界史を動かす

三浦　とはいえ、岸田さんがいまおっしゃったことでは、むしろその前のことの方が重要であって、靖国問題とは別に、中国が靖国参拝に干渉してきたその事実が示しているのは中国が帝国主義化しているということであって、それをチェックし抑制することが緊急の問題だということですね。

岸田　そうです。

三浦　靖国問題にかんしては、何らかのかたちで国民のコンセンサスを得るところまで持っていくことが肝腎だ。日本人には、戦争でお国のために戦って亡くなった人に対する負い目がある、それは簡単に解消されるようなものではないということ。そこにはナショナル・アイデンティティの問題もかかっているということです。そのへんのことも中国の人たちに分かってもらわなければならない。だけど、それとは別に、靖国参拝に対する干渉には中国の帝国主義的な野望が潜んでいる。むしろこの中国の帝国主義的な動きを警戒しなければならない。ぼくはむしろこれはアメリカの中国敵視策の反映だと思うわけですが、岸田さんは違う考えを持っておられるわけです。たとえば、いまや中国において共産主義が実質的に形骸化したために、その理念を死守するためにも帝国主義的にならざるをえないとおっしゃっておられる。

岸田　いや、そのことの根本には、近代における中国の屈辱があると思います。それが根本的な前提になっていると思う。共産主義というイデオロギーは中国をひとつの国家にまとめるために必要とされるところがあるかもしれないけれど、それがそのまま帝国主義的なものに転化しているわけではない。やはり第一にあるのは屈辱だと思う。

三浦　うーん。

岸田　経済的な要因によりも何よりも、屈辱を晴らしたいという欲望が歴史を動かしているんじゃないですか。

三浦　もちろんそうですよ。それは一八七〇年の普仏戦争だって、もとをただせばナポレオンに国土を蹂躙されたという屈辱に対する報復ですよ。

岸田　ヒトラーだって、あれは第一次世界大戦の敗北と、そのあとのヴェルサイユ条約の屈辱に対する報復でしょう。
三浦　それはそうですよ。
岸田　動機はすべて屈辱ですよね。だから、一国の態度を決定するのは屈辱がいちばん大きいと思います。屈辱を晴らすという欲望ですね。ところで、その欲望に迎合することはもっともいけないことなんですよ。その幻想を膨らませることになるわけだから。
三浦　中国はその屈辱感を教育によってさらに拡大させているというわけですね。
岸田　ええ。だからここで靖国参拝を中止することは、その幻想を肯定することになるんじゃないかなあ。
三浦　しかし逆に火に油を注ぐということにはなりませんか。
岸田　小泉が靖国参拝を止めることが火に油を注ぐことになるのか、つづけることが火に油を注ぐことになるのか、どっちが……
三浦　ええ。そういう問題があって、つづければもっと屈辱を感じると思いますよ。いまの岸田さんのお考えでは、それじゃあ、この際だから、もっと大々的に靖国参拝をやった方が中国の帝国主義的野望というか幻想を抑止するには効果的だということにはなりませんか。自民党の国会議員が全員そろって紋付袴で参拝するとか。だけど、それこそ火に油を注ぐことになると思いますけどね。日本人は反省も何もしていない、また中国に行ってやりたい放題やりたいと思っているんだと、そう受け取られた方が抑止力になるということになりませんか。

岸田　それは……

三浦　迎合はよくないということは反発の方がいいということでしょう。とすれば、その方がより強い抑止力になるということになるでしょう。

岸田　適切な譬えかどうか分からないけど、平和を維持するために、チェコのズデーテン地方の割譲を迫るヒトラーの要求を呑む方がいいか、拒否する方がいいかは、ミュンヘン会談で時の英首相チェンバレンが直面した大問題でした。呑めばヒトラーは満足して戦争に訴えないであろうと彼は判断した。彼は間違ったわけですが、中国の靖国参拝中止要求を呑むのがいいか、拒否するのがいいか、正直なところ、ぼくには判断がつかない。しかしとにかく、呑む方がいいとの確信は持てない。

三浦　うーん。いずれにせよ、かりに中国が帝国主義的野望を持っているとして、靖国参拝がその野望を挫くためにいちばん効果的であるとは思えない。

岸田　靖国参拝をつづけることが中国の帝国主義的野望を挫く効果があるなどとは言っていません。でも、止めることにはやっぱり不安があります。

三浦　止めることがそんなに悪いですか。

岸田　悪くないけど、その野望、その幻想を肯定することになりはしないかと思うのです。それで止めることはちょっとまずいと思いますね。

三浦　実際問題として、隣国に不愉快だと言われながら、あえて強行する方がもっとまずいと思いますよ。不良息子が隣の家の娘を強姦して殺してしまった、服役して帰ってきたので盛大な酒盛りをすることにした、隣の家から文句があった、そこで、二度とそういうことをしないために酒盛りするんだと言ったと、そんなもんでしょう。岸田さんのお考えでは、じつは隣の家がここのところ羽振りがよくて、どうもこっちの地所にまで関心があるらしい、ちょっとこれ以上は増長させたくないから、そんな申し入れがあった以上、いよいよ酒盛りは強行する、と。(笑)

岸田　三浦さんの比喩はちょっと過激すぎますよ。そのような譬え話が日中関係に当てはまるとは思えません。まるで日本兵全員が罪もない中国娘を強姦殺人したみたいじゃないですか。

三浦　国家を個人として描こうとするとそうなってしまうんですよ。それはともかく、つまり日本としてはいま中国を増長させたくないということですよね。それで、もし増長させると何をやるわけですか。

岸田　帝国主義的動きが強まるということですよ。

三浦　日本を占領しちゃうかもしれないということですか。

岸田　占領？　まさか。どうしてそんな極端な例をもってくるんです。

三浦　普仏戦争ではドイツはパリを占領したわけですよ。本当に屈辱を晴らすとすれば、中国としては、ロンドンと東京を占領しなければ腹の虫がおさまらないでしょう。

岸田　いわば日本の面子をつぶすというか……

三浦　かりに帝国主義的野望があっても、いまの段階で北朝鮮を占領するなんていうことは絶対しないでしょう。馬鹿馬鹿しいし、マイナスになるだけでしょう。

岸田　そうですよ。

三浦　いまの段階でどういうことができるかですよね、問題は。

岸田　たとえば、尖閣列島とか、そういうことがあり得るでしょう。

三浦　うーん。あの資源問題は国際問題でしょう。中国に採掘の金を出しているのはアメリカの企業じゃないですか。いずれにしても国際問題ですよ。たとえば竹島問題。あれにかんしては岸田さんはどう思われますか。

岸田　竹島は本当のところはどっちの領土なんですかね。ぼくはそのへんがよく分からないからね。ほんらい日本の領土なのに韓国が無理強いしているのか。それとももともと韓国の言い分が正しいのか、そのへんが分からないから何とも言えないけどね。しかし、少なくとも日本も領有権を主張していて、まだ決着がついていないときに、一方的に軍事施設を建設して軍隊を駐留させたりするところを見ると、竹島が韓国領土であるという自信がないのでしょうね。

三浦　だけど、領土を自我のテリトリーとして国民の一人ひとりが感じてしまうという仕組みの方がはるかに怖いでしょう。それを解明したのが岸田理論ではありませんか。そういう自我の仕組みを知ってしまうと、領土問題なんて馬鹿馬鹿しいということになってしまうわけですよ。馬鹿馬鹿しいことをやるのが人間だということなんですが。だけど、領土ということでは、昔はサハリンも日本の領土だったし、台湾も領土だったんだという……

岸田　そんな……

三浦　そういう拡大の仕方もあるじゃないですか。領土の拡張をまるで自我の拡張のように勘違いしてしまって、それを自我のつっかえ棒にするというのが人間の浅はかなところじゃないですか。それが岸田理論でしょう。

岸田　そうですね。

国際関係の精神分析へ

三浦　岸田さんが靖国参拝続行を説くと、ほんらいはこだわってはならないその浅はかなところに、今回は「こだわりなさい」と言っているように聞こえちゃうんですよ。

岸田　そうですか。

三浦　日ごろから岸田さんがおっしゃっている「そんな浅はかなことやめなさい」ということが、「浅はかなことだけど、この際はやるか」というふうに聞こえちゃう。ほんらいは岸田理論に敬服しているぼくが、ムキになってでも反論しようと思ったのはそのためなんです。

だけど、お話を煎じ詰めれば、むしろ根本的には、いま現在の中国の精神分析をすべきだし、アメリカの精神分析をすべきだということになってくると思うんです。そっちの方をやるべきですよね。

岸田　そうですね。

三浦　アメリカ建国の事情、その後の展開にかんしては、岸田さんはすでに精神分析的な考察を行なっておられる。今度はそれを中国にかんしてやらなくてはならないということですね。でも、アメリカにかんしても一九九〇年以降、いや、二〇〇三年の九・一一以降、あるいはイラク戦争以降、状況はさまざまに変わっているから、同じようにまた試みなければならないと思います。アメリカはどんどん自閉的共同体の要素を強めているように見えるし、そのアメリカに他者として立つ国がひとつもなくなってしまったために、いまや地球全体が巨大な自閉的共同体になってしまっているようにさえ見える。イスラム原理主義の過激派にしても、その自閉的共同体を補完するような役割を担っているようにさえ見えてくるわけです。中国の精神分析はもちろん、アメリカの精神分析も、いまほど必要とされているときはなかったのではないでしょうか。

かつて、マルクス主義の陣営では、毎年のように現状分析が行なわれていたわけですよ。経済白書みたいなもので、いわば世界革命白書が出ていたわけですね。「日本帝国主義の現段階はこのような状態にあって、いまや人民の意識は高まり、革命は秒読みの段階に入っている」とか分析していたわけですよ。

岸田　国防方針、国防綱領とかにしてもそうですね。国際関係の分析は毎年、出されていますね。

三浦　これまで、靖国問題をめぐってお話を伺ってきたわけですが、そこで気づいたもっとも大きなことは、個人の自我も国家の自我も同じように分析できるはずだという岸田さんのお考えは、国際関係論にたいへん強い親和性を持っているということですね。岸田さんの読者には、これはあらためて言うまでもないことかもしれない。だけど、国家が個人とほとんど同じように強迫神経症のような振る舞いをしたり、分裂病や躁鬱病に似たような振る舞いをしたりということは、これまではそれほど強烈には印象づけられなかった。というのは、岸田さんが展開されたアメリカと日本の関係にしても、過去の歴史の解釈であって、いわばもうひとつの歴史という面が強かったからだと思います。だけど、今回の靖国問題の精神分析では、アメリカのみならず中国に関しても、攻撃者への自己同一視という観点から非常に鋭い分析をされて、それが現在ただいまというより、今後の中国の行動を予言するような趣を持つにいたったからだと思います。それが現実に当たっているかどうか、いろいろな意見がありうるとは思いますが、たいへん興味深く示唆的であることは否定できないと思います。中国が十九世紀から二十世紀にかけて体験したことは非常な屈辱であって、これは強いトラウマ、精神的外傷として中国に深く刻み込まれている。いまそれが、当時、中国を席巻した日本やアメリカ、とくに日本の帝国主義の行動を模倣するというかたちで、つまりひとつの症状として表われつつあるという指摘はたいへん示唆に富むものだと思います。これはむろん幻想の領域におけることですが、国際関係の現実というのは実際にはまさに国家間の幻想的な関係にもとづくものであるわけですね。

かつて歴史を動かす原動力というのは経済であると言われていました。だけど精神分析においてはそうではない。むしろ屈辱であるとか侮辱であるとか誇りであるとか、そういうことなんですね。

そして、現在ただいまの世界を動かしているものは、むろん基本には経済的な諸関係もあるでしょうが、それと同じように、いやそれ以上に、まさに屈辱であり誇りである。国家の自我、民族の自我である。それはイスラム過激派の動きひとつにも明らかです。あるいは、国連の常任理事国の問題にしてもそうかもしれない。あるいは北朝鮮の問題にしてもそうかもしれない。ヘーゲル流に言えば、それこそ「承認をめぐる闘争」が全世界を動かしているわけです。とすれば、これはまさに精神分析の主題にほかならないということになると思います。

そう考えると、たとえば毎年、岸田秀による「二〇〇五年の世界の精神分析的現状分析」のような報告書が出て当然なんですよね。「二〇〇五年版・世界の精神分析」、「二〇〇六年版・世界の精神分析」というように。

岸田　いや、そんな能力はないですから。(笑)

三浦　でも、本当はそうなんですよね。もしもぼくがすごい金持だったら、あるいは銀行か証券会社の責任者だったら、「岸田精神分析国際関係研究所」とかなんとかをつくって、毎年、レポートを出してもらいますね。(笑) スタッフが二十人とか三十人とかいれば、あらゆる資料を分析してそういうようなことができるわけでしょう。

岸田　そうですね、お金があればね。

三浦　そういう研究所はいっぱいあるんですよ。銀行とか証券会社は暇な連中を集めてそれをやっている。

岸田　何とか総研とか。

三浦　そうそう。何とかアナリストとか言ってね。だけど、株価分析だろうが、為替相場だろうが、ほとんど当たったことはないんじゃないかと思いますよ。何か、ただ恰好をつけるためにやっているんじゃないかな。話をでっち上げているだけだと思う。「岸田精神分析国際関係研究所」をつくったら、それ以上ではかりにないとしても、それ以下ということは絶対にないレポートを出すと思いますけどね。実際、たとえばルース・ベネディクトの『菊と刀』なんかはそういう意味というか、少なくとも意図は持っていたわけですよ。だけど、たとえばいまアメリカがイスラム圏の国々を分析するためにルース・ベネディクトのような頭脳を使って、そういうことを真剣にやっているかどうかというと、ちょっと疑問ですね。アメリカのことだからやっていないわけはないとも思うけれど、それが実効性をもって行なわれているとはぜんぜん思えないですね。

岸田　そうですね。とにかくアメリカ文化は日本文化より優れているのだという結論を出したルース・ベネディクトの場合もそうでしたが、アメリカの情勢分析は、どれほど多くの情報や資料を集めようが、アメリカがいちばん優れていて正しいということが絶対の前提になっているため、そこが盲点になって的外れのものにしかならないんですよ。ベトナムに関しても、今度またイラクに関しても読み違えてばかりいます。

三浦　アメリカの正義という病気ですね。とすれば、そういう正義とは無縁な日本こそその分析をやらなければならないんじゃないかな。それこそ本当の国防だと思いますよ。(笑)　岸田さんは、日本近代の精神分析、アメリカ建国の精神分析はなさっておられるけれど、しかしいま現在の世界の精神分析をスタッフを抱えてシステマティックに行なうなんてことはまだやっておられない。だけど、現代世界の危機の緊急性を考えると、これは絶対にあった方がいいと思いますけどね。そう考えると、靖国問題で首相参拝の是非を言っている場合じゃないというか。(笑)

岸田　でも、これまでそういう問題をあまり深く考えたことはなかったけど、三浦さんにいろいろ言われてなるほどと思ったり、そうではないと思ったりしてたいへん勉強になりました。これからもこの問題についてはよく考えてみたいと思います。

三浦　まさに今後の課題ですね。

岸田　それにしても三浦さんは日本的美徳の体現者ですね。悪いと思ったら、潔く心底から全面的に謝るべきであって、悪いことばかりしたわけじゃない、いいこともしたとか、正しかった点もなかったわけじゃないとか、結果的にはよくなかったが、意図はよかったとか、いろいろやむを得ない事情があったのだとか、クドクドといろいろくだらぬ言い訳を並べて自分の罪を軽くしようとするのは見苦しいということですね。その気持はよくわかるのですが……。

三浦　いや、『官僚病の起源』で、あれほど鋭く自閉的共同体の病理を解明してくださった岸田さんが靖国参拝を肯定するのに違和感を覚えただけなんですが、しかしいまや国際関係論に挑む岸田理論の迫力に圧倒されています。(笑)

初出

第一章　『大航海』第五十五号（二〇〇五年六月五日発売）

第二章・第三章・第四章　語り下ろし（二〇〇五年六月～七月）

著者紹介

岸田 秀（きしだ・しゅう）
一九三三年、香川県生まれ。精神分析者。早稲田大学文学部心理学専修卒。和光大学名誉教授。著書『ものぐさ精神分析』『日本がアメリカを赦す日』『母親幻想』『官僚病の起源』『一神教vs多神教』など。

三浦雅士（みうら・まさし）
一九四六年、青森県生まれ。文芸評論家。新書館編集主幹。著書『身体の零度』『青春の終焉』『考える身体』『批評という鬱』『出生の秘密』など。

靖国問題の精神分析

二〇〇五年九月十日　初版第一刷発行

著者　岸田秀・三浦雅士
発行　株式会社　新書館
〒一一三-〇〇二四　東京都文京区西片二-一九-一八
電話　〇三（三八一一）二九六六
（営業）〒一七四-〇〇四三　東京都板橋区坂下一-二二-一四
電話　〇三（五九七〇）三八四〇
FAX　〇三（五九七〇）三八四七
装幀　SDR（新書館デザイン室）
印刷　加藤文明社
製本　若林製本

落丁・乱丁本はお取り替えいたします。

Printed in Japan　ISBN 4-403-23103-9